北方工业大学经济管理学院文库

本书系北方工业大学北京城市治理研究基地项目经费资助（项目编号：110051360022XN108-02）
本书系北京城市治理研究基地和1138工程项目阶段性成果之一
北方工业大学毓优人才项目"科技创新视角下京津冀资源能耗管理绩效及其协同治理能力评价体系研究"成果（项目批准号：XN020035）

科技创新视角下
京津冀资源能耗管理绩效及其协同治理能力评价研究

吴 丹 刘孟瑶 ◎ 著

河海大学出版社
HOHAI UNIVERSITY PRESS
·南京·

内容简介

本书以京津冀科技创新为支撑,从科技创新视角进行京津冀资源能耗管理绩效及其协同治理能力评价研究。主要内容包括8个部分:京津冀科技创新对能源效率的影响效应研究、京津冀产业结构升级对能源效率的影响效应研究、京津冀水资源治理绩效评估研究、京津冀水资源与经济社会系统适配性评估研究、京津冀科技协同创新评价研究、京津冀经济协同发展水平动态评价研究、京津冀生态保护与经济发展协同治理评价研究、京津冀"科技-经济-水资源"耦合系统协同治理评价研究。本书对于从事京津冀资源能耗管理绩效及其协同治理能力评价研究的相关管理者和研究者具有重要参考价值。

图书在版编目(CIP)数据

科技创新视角下京津冀资源能耗管理绩效及其协同治理能力评价研究 / 吴丹,刘孟瑶著. -- 南京:河海大学出版社,2023.4
ISBN 978-7-5630-7890-5

Ⅰ. ①科… Ⅱ. ①吴… ②刘… Ⅲ. ①能源管理—经济绩效—研究—华北地区 Ⅳ. ①F426.2

中国国家版本馆 CIP 数据核字(2023)第 060463 号

书　　名	科技创新视角下京津冀资源能耗管理绩效及其协同治理能力评价研究 KEJI CHUANGXIN SHIJIAO XIA JINGJINJI ZIYUAN NENGHAO GUANLI JIXIAO JI QI XIETONG ZHILI NENGLI PINGJIA YANJIU
书　　号	ISBN 978-7-5630-7890-5
责任编辑	成　微
特约校对	余　波
装帧设计	槿容轩
出版发行	河海大学出版社
地　　址	南京市西康路1号(邮编:210098)
电　　话	(025)83737852(总编室)　(025)83787769(编辑室) (025)83722833(营销部)
经　　销	江苏省新华发行集团有限公司
排　　版	南京布克文化发展有限公司
印　　刷	广东虎彩云印刷有限公司
开　　本	718毫米×1000毫米　1/16
印　　张	9.25
字　　数	158千字
版　　次	2023年4月第1版
印　　次	2023年4月第1次印刷
定　　价	58.00元

前言 | Preface

2015年4月,中共中央政治局会议审议通过了《京津冀协同发展规划纲要》,将推动京津冀协同发展作为一个重大国家战略,强调大力促进京津冀创新驱动发展,增强京津冀资源能源保障能力,不断缩小区域内的发展不平衡。十八届五中全会提出的五大发展理念进一步凸显了科技创新与生态环境建设的重要性。2015—2022年,国家先后出台了一系列推动京津冀协同发展的政策举措,制定了创新发展、转型升级、绿色发展等9个方面的重点发展任务,实施了京津冀科技、交通、产业、水利、生态环保等12个专项规划,并提出了建立区域战略统筹机制、健全市场一体化发展机制、深化区域合作机制、健全区际利益补偿机制等重大协调机制。这些政策制度标志着京津冀协同治理在实质性操作阶段已取得了重大突破进展,为进一步增强京津冀资源能源保障能力、缩小京津冀发展差距提供了重要政策支撑。

京津冀协同治理进程中资源能耗问题已成为国家、京津冀政府管理部门和学者们高度关注的热点问题。一方面,京津冀水资源严重短缺,而经济社会用水需求强劲,京津冀已成为我国水资源环境严重超载地区之一。京津冀地区近10年来的年用水量均在250亿 m^3 左右,人均水资源量仅为全国人均水资源量的1/9。为此,水利部发布了《京津冀协同发展水利专项规划》,提出按照"节水优先、高效利用,总量控制、优化结构,强化保护、恢复生态,科学布局、系统治理,政府主导、两手发力"等基本原则,强化最严格水资源管理制度约束与双控硬约束,实施以水定城和以水定产。另一方面,中国从2010年开始成为全球第一大能源消费国与碳排放国,节能减排压力较为凸显。在京津冀地区能源消耗需求量迅猛增长的背景下,2017年11月,北京市发展改革委会同天津市、河北省发展改革委研究制定并对外发布了《京津冀能源协同发展行动计划(2017—2020年)》,提出了强化能源战略协同、设施协同、治理协同、绿色发展协同、管理协同、创新协同、市场协同、政策协同"八大协同"重点任务。这些政策举措凸显了京津冀协同治理进程中资源能耗管理的重要性,为推动经济社会发展方式战略转型,进一步缩小区域发展差距、提升绿色循环低碳发展水平、持续改善生态环境质量提供了战略支撑。

依据国家和京津冀经济社会发展战略规划和重大政策举措,以科技创新作为支撑,识别资源能耗-经济社会-生态环境互馈关系的演变规律与驱动机制,优化京津冀资源能耗利用结构,提高京津冀资源能耗利用效率与效益,改进京津冀资源能耗管理绩效,促进京津冀资源能耗与经济发展、社会治理、生态环境建设之间协调发展,缩小京津冀发展差距,推动京津冀协同发展,是京津冀协同发展战略与政策制定的出发点与目标所在。科技创新视角下京津冀资源能耗管理绩效及其协同治理能力评价对于京津冀资源能耗利用结构优化与管理绩效改进、京津冀资源能耗-经济社会-生态环境协调发展程度提高以及京津冀协同治理能力提升等具有重要的推动和支撑作用。为此,以京津冀科技创新为支撑,从科技创新视角进行京津冀资源能耗管理绩效及其协同治理能力评价研究,作为京津冀协同发展的战略性选择,现已成为学者们关注的新的研究视角。

目前,针对京津冀协同发展评价的已有研究成果,京津冀政府管理部门和学者们重点围绕交通一体化、产业升级转移、生态环保等领域进行了实践探索,并以此为基础,对京津冀协同治理与发展机制进行了深入研究。目前对于科技创新视角下京津冀资源能耗管理绩效及其协同治理能力评价体系的研究,在理论框架、评价指标、评价方法等方面仍缺乏深入研究。因此,本书进一步完善科技创新视角下京津冀资源能耗管理绩效及其协同治理能力评价体系,丰富京津冀协同治理评价理论。本书为进一步优化京津冀资源能耗利用结构、明确京津冀资源能耗利用效率与效益的提升方向,提出相应的政策建议,对改进京津冀资源能耗管理绩效,提高京津冀资源能耗-经济社会-生态环境的协调发展程度,提升京津冀协同治理能力,推动京津冀协同发展,具有一定的实践应用价值。

本书的研究内容主要包括:

第1章,京津冀科技创新对能源效率的影响效应研究。在京津冀协同发展国家战略实施背景下,深入分析京津冀科技创新对能源效率的影响效应。

通过明确京津冀科技创新对能源效率影响的被解释变量、解释变量和控制变量及其指标的选取，构建了科技创新对能源效率影响的面板回归模型。并依据2009—2020年京津冀地区面板数据，利用Stata计量软件进行实证分析，从而为进一步提高京津冀能源效率，推动京津冀经济高质量协同发展提出有针对性的建议。

第2章，京津冀产业结构升级对能源效率的影响效应研究。以京津冀产业结构升级对能源效率的影响作为研究主题，从地区层面和产业层面，深入分析京津冀产业结构升级对其能源效率提升的影响。通过明确京津冀产业结构升级对能源效率影响的被解释变量、解释变量和控制变量及其指标选取，构建面板回归模型，利用Stata计量软件，测量京津冀产业结构升级对其能源效率提升的显著效应，并进一步提出推进京津冀产业结构转型升级、提高能源效率的对策建议。

第3章，京津冀水资源治理绩效评估研究。基于区域经济社会生态协调发展的系统框架思路，从经济、社会和生态3个维度，设计京津冀水资源治理绩效评价指标体系，应用理想解模型和耦合协调度模型，构建京津冀水资源治理绩效评价模型，开展京津冀水资源治理绩效的时空分异特征分析，从而探寻京津冀水资源治理绩效的关键制约因素，因地制宜探索提升京津冀地区水资源治理绩效的对策建议，以指导京津冀水资源治理实践。

第4章，京津冀水资源与经济社会系统适配性评估研究。基于驱动力-压力-状态-影响-响应（Driving force-Pressure-State-Impact-Response，DP-SIR）模型框架思路，解析京津冀水资源与经济社会系统适配过程和适配机理，以此构建京津冀水资源与经济社会系统适配性评估指标体系，应用理想解模型，测算不同时期京津冀水资源与经济系统、社会系统、生态系统的适配度。解析京津冀水资源与经济社会系统适配性的时空分异评估，提出有效提升京津冀水资源与经济社会系统适配性的对策建议。

第5章，京津冀科技协同创新评价研究。通过综合对比评价不同时期京津冀的科技创新差异，分析影响京津冀科技创新的主要因素，对于加快推进京津冀科技协同创新具有重要支撑作用。采用政策文献梳理法进行京津冀科技创新评价指标筛选，并采用变异系数法确定指标权重。采用加权法、相对发展度法与耦合协调度模型，评价不同时期京津冀科技创新水平的动态变化，综合评价京津冀科技创新的相对发展水平与科技协同创新水平，从而探寻京津冀科技协同创新的关键制约因素,因地制宜探索提升京津冀地区科技协同创新水平的对策建议,以指导京津冀科技协同创新实践。

第6章,京津冀经济协同发展水平动态评价研究。通过综合对比评价不同时期京津冀的经济发展差异,分析影响京津冀经济发展的主要因素,对于加快推进京津冀经济协同发展进程具有重要支撑作用。采用政策文献梳理法进行京津冀经济发展评价指标筛选,并采用变异系数法确定指标权重。采用加权法、相对发展度法与耦合协调度模型,评价不同时期京津冀经济发展水平的动态变化,综合评价京津冀经济相对发展水平与经济协同发展水平,从而探寻京津冀经济协同发展的关键制约因素,因地制宜探索提升京津冀地区经济协同发展水平的对策建议,以指导京津冀经济协同发展实践。

第7章,京津冀生态保护与经济发展协同治理评价研究。采用政策文献梳理法和主成分-相关分析法进行京津冀地区生态保护与经济发展协同治理评价指标设计。在此基础上,采用加权综合指数法、相对发展度模型和协调度模型对比评价京津冀地区生态保护与经济发展的相对发展度,综合评价京津冀地区生态保护与经济发展的协同治理水平,从而探寻京津冀生态保护与经济发展的关键制约因素,因地制宜探索提升京津冀生态保护与经济发展协同治理水平的对策建议,以指导京津冀生态保护与经济发展协同治理实践。

第8章,京津冀"科技-经济-水资源"耦合系统协同治理评价研究。依据京津冀科技创新、经济发展与水资源利用的共生纽带关系,明确京津冀"科技-经济-水资源"耦合系统发展目标体系,构建京津冀"科技-经济-水资源"耦合系统协同治理评价指标体系,采用加权综合指数法和协调度模型,测量京津冀地区科技、经济与水资源三大系统发展指数,评价京津冀地区科技、经济与水资源三大系统的协同治理水平,因地制宜探索提升京津冀"科技-经济-水资源"耦合系统协同治理水平的对策建议,以指导京津冀"科技-经济-水资源"耦合系统协同治理实践。

本书从不同角度反映京津冀协同治理能力评价研究成果,对于关心京津冀科技创新、资源能耗管理、协同治理的读者具有较强的可读性和一定的借鉴意义,对于从事京津冀资源能耗管理绩效及其协同治理能力评价研究的相关管理者和研究者具有重要参考价值。

鉴于作者受到知识水平、时间等多方面的限制,本书的研究成果不尽完善，难免存在许多不足之处，殷切期望同行专家和广大读者能够批评指正，从而有助于继续深入系统的研究。并希望本书的出版有利于丰富京津冀资源能耗管理绩效及其协同治理能力评价方法、推进京津冀资源能耗管理绩效及其协同治理能力评价的实践应用。期待与广大同行一起努力，致力于京津冀资源能耗管理绩效及其协同治理能力评价理论方法及其应用的深入研究。

作 者

2022年12月于北京

目录 | Contents

上篇　科技创新视角下京津冀资源能耗管理绩效评价研究

- 第1章　京津冀科技创新对能源效率的影响效应研究 …………… 3
  - 1.1　文献综述 …………………………………………………… 4
  - 1.2　研究方法 …………………………………………………… 5
    - 1.2.1　指标选取 ……………………………………………… 5
    - 1.2.2　理论假说 ……………………………………………… 6
    - 1.2.3　科技创新对能源效率影响的模型构建 ……………… 6
  - 1.3　实证研究 …………………………………………………… 7
    - 1.3.1　描述性统计分析 ……………………………………… 7
    - 1.3.2　回归结果分析 ………………………………………… 8
  - 1.4　结论与建议 ………………………………………………… 11
    - 1.4.1　结论 …………………………………………………… 11
    - 1.4.2　对策建议 ……………………………………………… 12
  - 参考文献 ………………………………………………………… 13
- 第2章　京津冀产业结构升级对能源效率的影响效应研究 ……… 16
  - 2.1　文献综述 …………………………………………………… 16
  - 2.2　研究方法 …………………………………………………… 18
    - 2.2.1　变量及指标选取 ……………………………………… 18
    - 2.2.2　理论假说 ……………………………………………… 19
    - 2.2.3　面板回归模型构建 …………………………………… 19
  - 2.3　实证研究 …………………………………………………… 20

  2.3.1　京津冀地区产业结构升级对能源效率的影响效应结果分析
　　　　　　　　　　　　　　　　　　　　　　　　　　　　　……………… 21
  2.3.2　京津冀第一产业结构升级对能源效率影响的回归结果分析
　　　　　　　　　　　　　　　　　　　　　　　　　　　　　……………… 22
  2.3.3　京津冀第二产业结构升级对能源效率影响的回归结果分析
　　　　　　　　　　　　　　　　　　　　　　　　　　　　　……………… 23
  2.3.4　京津冀第三产业结构升级对能源效率影响的回归结果分析
　　　　　　　　　　　　　　　　　　　　　　　　　　　　　……………… 24
 2.4　结论与建议 ……………………………………………………………… 25
  2.4.1　结论 ……………………………………………………………… 25
  2.4.2　对策建议 ………………………………………………………… 26
 参考文献 ……………………………………………………………………… 26

第3章　京津冀水资源治理绩效评估研究 ……………………………………… 29
 3.1　文献综述 ………………………………………………………………… 30
  3.1.1　水资源研究时空知识图谱分析 ………………………………… 30
  3.1.2　水资源研究热点的关键词分析 ………………………………… 33
 3.2　研究方法 ………………………………………………………………… 36
  3.2.1　京津冀水治理绩效评价指标体系设计 ………………………… 36
  3.2.2　京津冀水治理绩效评价模型 …………………………………… 37
 3.3　实证研究 ………………………………………………………………… 39
 3.4　结论与建议 ……………………………………………………………… 40
 参考文献 ……………………………………………………………………… 41

第4章　京津冀水资源与经济社会系统适配性评估研究 ……………………… 43
 4.1　文献综述 ………………………………………………………………… 44
 4.2　研究方法 ………………………………………………………………… 46
  4.2.1　水资源与经济社会系统适配机理与评估指标体系设计
　　　　　　　　　　　　　　　　　　　　　　　　　　　　　……………… 46
  4.2.2　水资源与经济社会系统适配性评估模型构建 ………………… 50
 4.3　京津冀水资源与经济社会系统适配性实证结果及分析讨论 ……… 50
  4.3.1　北京水资源与经济社会系统适配度的阶段特征及经济分析
　　　　　　　　　　　　　　　　　　　　　　　　　　　　　……………… 52

　　　　4.3.2　天津水资源与经济社会系统适配度的阶段特征及经济分析
　　　　　　　…………………………………………………………… 53
　　　　4.3.3　河北水资源与经济社会系统适配度的阶段特征及经济分析
　　　　　　　…………………………………………………………… 54
　　4.4　结论与建议 ……………………………………………………… 55
　　　　4.4.1　结论 ……………………………………………………… 55
　　　　4.4.2　对策建议 ………………………………………………… 56
　参考文献 ………………………………………………………………… 57

下篇　科技创新视角下京津冀协同治理能力评价体系研究

第5章　京津冀科技协同创新评价研究 …………………………… 63
　　5.1　文献综述 ………………………………………………………… 64
　　　　5.1.1　科技创新研究的关键词共现分析与突变分布 ………… 64
　　　　5.1.2　科技创新研究的关键词聚类分析 ……………………… 66
　　5.2　京津冀科技创新水平动态对比 ………………………………… 71
　　　　5.2.1　评价指标筛选 …………………………………………… 71
　　　　5.2.2　科技创新水平动态对比 ………………………………… 72
　　5.3　京津冀科技协同创新水平评价 ………………………………… 74
　　5.4　结论与建议 ……………………………………………………… 75
　参考文献 ………………………………………………………………… 76

第6章　京津冀经济协同发展水平动态评价研究 ………………… 78
　　6.1　文献综述 ………………………………………………………… 79
　　　　6.1.1　文献特征分析 …………………………………………… 79
　　　　6.1.2　经济发展研究热点分析 ………………………………… 82
　　　　6.1.3　经济发展研究的演化脉络 ……………………………… 88
　　6.2　京津冀经济发展水平动态对比 ………………………………… 90
　　　　6.2.1　评价指标筛选 …………………………………………… 90
　　　　6.2.2　经济发展水平动态对比 ………………………………… 91
　　6.3　京津冀经济协同发展水平评价 ………………………………… 93
　　6.4　结论与建议 ……………………………………………………… 94

参考文献 ·· 95

第7章　京津冀生态保护与经济发展协同治理评价研究 ·············· 99
　　7.1　文献综述 ·· 100
　　　　7.1.1　文献计量分析 ·· 100
　　　　7.1.2　研究热点分析 ·· 104
　　　　7.1.3　研究演化路径分析 ·· 107
　　7.2　研究方法 ·· 109
　　7.3　实证研究 ·· 112
　　　　7.3.1　京津冀生态保护与经济发展协同治理评价指标设计
　　　　　　　 ·· 112
　　　　7.3.2　京津冀生态保护与经济发展的相对发展度 ·········· 116
　　　　7.3.3　京津冀生态保护与经济发展的协同治理水平 ······· 118
　　7.4　结论与建议 ··· 119
　　　　7.4.1　结论 ··· 119
　　　　7.4.2　对策建议 ·· 120
　　参考文献 ·· 121

第8章　京津冀"科技-经济-水资源"耦合协同治理评价研究 ······ 123
　　8.1　文献综述 ·· 123
　　8.2　研究方法 ·· 125
　　　　8.2.1　评价指标设计 ·· 125
　　　　8.2.2　评价模型构建 ·· 127
　　8.3　实证研究 ·· 128
　　　　8.3.1　京津冀地区"科技-经济-水资源"耦合系统治理指数
　　　　　　　 ·· 128
　　　　8.3.2　京津冀地区"科技-经济-水资源"耦合系统协同治理水平
　　　　　　　 ·· 130
　　8.4　结论与建议 ··· 131
　　　　8.4.1　结论 ··· 131
　　　　8.4.2　对策建议 ·· 132
　　参考文献 ·· 132

上篇

科技创新视角下京津冀资源能耗管理绩效评价研究

第1章
京津冀科技创新对能源效率的影响效应研究

我国经济发展对能源的需求旺盛,传统工业的"高投入、高消耗、高污染、低收益"的粗放式发展方式在带来经济繁荣的同时,也导致了能源资源短缺、生态环境污染破坏等问题。根据《中国统计年鉴2021》,2020年中国能源产量为40.8亿t标准煤,年增长率为2.77%;2020年中国能源消费量为49.8亿t标准煤,年增长率为2.16%。从供给角度看,自2015—2020年,中国一次能源产量增速放缓甚至自2018至2020年间出现增速下降趋势,导致能源供给缺口持续扩大。当前中国工业化和城镇化以煤炭为主的能源结构仍处于深度调整过程。在实现"碳达峰、碳中和"目标的时代背景下,提高能源效率,是破解能源资源环境问题约束,实现可持续发展的迫切需要。京津冀地区作为中国的三大经济增长极之一,学术界对京津冀地区能源效率研究开展了深入分析,其中科技创新对经济增长与能源资源利用效率提升具有正向促进作用。国家能源局和科学技术部印发的《"十四五"能源领域科技创新规划》中,制定了关于能源开发利用的技术攻关路线图,确保"十四五"期间能源科技创新工作的有序开展。党的十八大以来实施了创新驱动发展战略,以科技创新驱动取代传统的要素驱动的发展模式。十九届五中全会明确了要推动绿色低碳发展,全面提高能源资源利用效率。为此,在京津冀协同发展战略实施背景下,基于2009—2020年京津冀面板数据,探究京津冀科技创新对整体区域能源效率的影响程度以及北京、天津和河北的科技创新水平对其能源效率的影响,为推动京津冀地区能源利用效率提升、促进京津冀协同发展提供参考。

1.1 文献综述

国内外学者对能源效率的研究主要集中在能源效率测度和能源效率影响因素两个方面[1-8]。针对能源效率测度的研究,主要分为单要素和全要素能源效率两种方法。单要素能源效率测度方法通常采用能耗强度、生产能耗综合指数测算能源效率,即能源产出与能源消费总量之比,这与我国当前节能减排考核目标一致,成为学术界普遍使用的方法[4-5]。全要素能源效率测度方法包括计算能源、劳动、资本以及增加值等期望产出,能更全面测度能源利用效率[6-8]。但当前的能源效率测度研究尚未形成统一的分析框架,通常基于研究数据和研究目的选择相应的测度方法。针对能源效率影响因素的研究,学者们大多采用实证分析的方法进行探究。如苏捷等[9]基于应用理论模型与空间计量方法,实证分析了2000—2017年我国省级面板数据,得出市场分割程度越高,工业企业单位GDP能耗越高,能源效率越低;谷晓梅等[10]通过测度2006—2017年全要素能源效率的变化,基于BML方法识别能源效率影响因素,得出关键影响因素依次为金融发展、国际贸易、产权结构、能源技术水平、劳动者素质和固定资产投资,且发现各地区的关键影响因素也存在差异;陈菁泉等[11]基于数据包络分析法测度全要素能源效率,构建驱动因素并通过回归分析发现,环境规制、能源消费结构对全要素能源效率呈现负向作用,而产业结构、人口规模、对外贸易、科研经费正向推动全要素能源效率的提升。

国内外学者对能源利用效率已经进行了较为系统的研究,大部分学者认同通过科技创新或产业结构调整能促进能源利用效率的提高。国内外大量研究从不同角度探究发现,科技创新对区域能源利用效率的提高具有正向促进作用。如Newell[12]较早提出能源利用效率的持续改进本质上依赖于技术进步;Liang[13]认为技术创新表征的中性技术进步对能源效率有积极影响;付娉娉和武光彬等[14]基于能源探测、开采、运输、储存和利用等全过程角度,认为技术水平通过影响能源的供给量和投入量,进而影响能源资源的利用效率;贾军和张卓[15]将技术创新分为产品创新和工艺创新,并基于1995—2009年中国高技术产业科技活动和能耗数据的实证研究发现,工艺创新与能源效率协同发展程度高,降低能耗程度高;韦凤琴等[16]基于Malmquist生产率指数法测算上海、江苏和浙江三省市的能源效率,并对1999—2009年的数据进行面板数据分析,发现江浙沪的技术进步率下降是能源效率没有明显提高的内在原因。同时部分研究提出技术水平在提高能源利用效率上存在地区差异。如郭一鸣等[17]通过测度全国各城市能源效率,剖析能源效率影响因素,认为经济发展、产业结构和城市化是全国各城市能源效率的共性影响因素,而科技创新、对外开放、能源价格是全国各城市能源效率的差别性因素;王丹枫[18]基于1995—2007年我国31个省域数据,探究经济增长、产业结构、人口因素、技术进步和能源价格对能源效率的影响趋势,发现技术进步总体上能降低单位产值能耗,且对于能效利用越低的地区发挥的作用越明显。此外,部分学者认为科技创新一开始会降低能源消费量,但在能源消费量超出一定界限后会出现相反的结果[19-20];庞敏等[21]认为通过技术进步可以降低能源强度,进而降低能源消费量,但同时也会通过影响能源价格、产业结构和产权结构来间接影响能源消费,产生"回弹效应","回弹效应"依然会推动消费总量的增长;高辉等[22]通过测算能源回弹效应系数发现,通过技术进步节约的能源量不足以抵消经济扩张导致的能源消费增长量。

通过文献梳理可知,从研究区域来看,现有文献大多以国家层面或者省区层面作为研究样本,鲜有文献对京津冀科技创新对能源效率的影响开展研究。为此,本书在京津冀协同发展国家战略实施背景下,深入分析京津冀科技创新对能源效率的影响效应。通过明确京津冀科技创新对能源效率影响的被解释变量、解释变量和控制变量及其指标的选取,利用Stata计量软件进行实证分析,从而为进一步提高京津冀能源效率,推动京津冀经济高质量协同发展提出有针对性的建议。

1.2 研究方法

1.2.1 指标选取

针对京津冀科技创新对能源效率的影响研究,分别确定京津冀地区层面被解释变量、解释变量和控制变量。针对地区层面,选择能源效率作为被解释变量,选择科技创新作为解释变量,选择产业结构作为控制变量。依据

现有文献,各变量的解释和指标选取可表述为:

第一,被解释变量(能源效率):能源利用效率是单位活动或者产出的能源消耗量,即万元 GDP 能耗。万元 GDP 能耗值降低时,意味着能效的提高,可以降低对能源的需求[23]。为此,选择"万元 GDP 能耗"作为能源效率指标,用 ee 来表示。

第二,解释变量(科技创新):现有研究多从 R&D 活动投入角度衡量科技创新水平[24],为此,选择"地区 R&D 活动经费内部支出占地区 GDP 比重"作为科技创新的衡量指标,用 tp 来表示。

第三,控制变量(产业结构):产业结构调整也是促进能源效率提升的重要路径[25],为此,选择"地区第二产业增加值占地区 GDP 的比重"作为产业结构的衡量指标,用 is 来表示。

1.2.2 理论假说

关于科技创新对能源效率的影响,一方面,科技创新能够提高能源生产企业能源生产环节的效率;科技创新可以减少能源流通环节的损耗。在能源的消费环节,行业通过科技创新开发绿色产品或技术,不断提高能源资源的利用率。科技创新还提供了开发利用新能源、清洁能源的渠道,能够从生产层面降低对煤炭、石油等传统能源的依赖,最终促进化石能源消费量的降低。此外,技术创新能够推动产业结构调整升级,逐渐淘汰掉高耗能、高污染的落后产能,通过降低单位产值能耗,提高生产力。总的来说,科技创新通过提高生产技术,提高生产要素的使用效率和产出效率,在降低能源消耗的同时提高生产产品的附加值,使得同样的能源资源投入创造出更多的财富产出,最终实现能源效率和经济效率的提升。另一方面,地区之间能源效率存在差异,科技创新对能源效率的影响作用也表现不同。综合上述分析,提出研究假设:

假设 1:京津冀地区科技创新投入对地区能源效率提升具有促进作用。

假设 2:科技创新对能源效率的提升作用存在地区差异,对于能源效率较低的地方作用更明显。

1.2.3 科技创新对能源效率影响的模型构建

本研究旨在探讨京津冀科技创新对能源效率的影响,即科技创新水平是否能够真正提高能源效率以及提高的程度。为此，依据参考文献的基本计量模型，以科技创新为解释变量，产业结构为控制变量，构建京津冀地区的科技创新对能源效率影响的面板回归模型，可用公式表示为：

$$ee_{it} = c + a \cdot rd_{it} + b \cdot is_{it} + \varepsilon_{it} \tag{1.1}$$

式(1.1)中，ee_{it} 表示第 t 年第 i 地区的能源效率，即万元 GDP 能耗；rd_{it} 表示第 t 年第 i 地区的科技创新水平，即 R&D 活动经费内部支出占地区 GDP 的比重；is_{it} 表示第 t 年第 i 地区产业结构水平，即地区第二产业增加值占地区 GDP 的比重；a、b 表示系数；c 表示截距项；ε_{it} 表示第 t 年第 i 地区的随机误差项。根据式(1.1)，可判别京津冀地区的科技创新对能源效率的影响程度。

1.3 实证研究

1.3.1 描述性统计分析

为保持样本数据的一致性，本研究数据主要来源于《北京市统计年鉴》《天津市统计年鉴》《河北省统计年鉴》，样本范围分别是北京市、天津市和河北省。针对京津冀科技创新对能源效率的影响，本研究以京津冀 2009—2020 年的数据为基础分析样本，其中包含 3 个截面单元 11 年间的时空序列数据。具体各变量的描述性统计如表 1.1 所示。

表 1.1 京津冀整体的变量指标描述性统计

Variable	obs	mean	Sted. Dev.	min	max
ee	36	0.649 8	0.327 9	0.209 0	1.467 4
rd	36	0.003 3	0.001 8	0.000 5	0.007 6
is	36	0.687 0	0.391 2	0.159 7	1.266 6

注：Variable 表示变量，obs 表示观测个体的数量，mean 表示平均值，Sted. Dev. 表示标准差，min 表示最小值，max 表示最大值。

根据表 1.1 可知，2009—2020 年，京津冀整体的能源效率(ee)平均值为 0.649 8，标准差为 0.327 9，其中最低值为 0.209 0，最高值为 1.467 4。2009—2020 年，京津冀整体的科技创新水平(rd)的平均值为 0.003 3，标准差为0.001 8,最低值为0.000 5,最高值为0.007 6。

1.3.2 回归结果分析

(1) 京津冀科技创新对能源效率影响的回归结果分析

采用构建的面板回归模型,本研究先对所有变量进行平稳性结果检验,以保证估计结果的有效性。通过进行 LLC 检验,结果表明科技创新的原变量和一阶差分都通过了平稳性检验,能源效率的一阶差分也通过了平稳性检验,可以进行后续计量分析。经过豪斯曼检验,最终选择采用固定效用模型,而非随机模型,基准回归得到的计量结果,如表 1.2 所示。

表 1.2 京津冀科技创新对能源效率影响的回归结果

变量	回归模型(1)	回归模型(2)
	ee	ee
rd	−19.262***	−16.974***
	(−13.50)	(−11.19)
is		0.212***
		(2.89)
Constant	1.430***	1.203***
	(24.96)	(12.79)
Observations	36	36
R-squared	0.843	0.875

注:t-statistics in parentheses,*** 表示 $p<0.01$,** 表示 $p<0.05$,* 表示 $p<0.1$。

表 1.2 中,采用回归模型(1),在不加控制变量的情况下,考虑解释变量,分析科技创新对能源效率的影响。表 1.2 中的结果表明,科技创新指标提升 1%,万元 GDP 能耗就降低 19.262%,即科技创新对万元 GDP 能耗的影响为负显著。R-squared 值为 0.843。

采用回归模型(2),加入控制变量产业结构,分析科技创新、产业结构与能源效率之间的关系。结果表明 R-squared 值增加为 0.875,模型拟合度较好。表 1.2 中的结果表明,科技创新指标提升 1%,万元 GDP 能耗就降低 16.974%,即科技创新对万元 GDP 能耗的影响仍为负显著;产业结构变动 1%,万元 GDP 能耗就提高 0.212%,即第二产业增加值占地区 GDP 的比重对万元 GDP 能耗的影响为正显著。回归结果验证了假设 1。

（2）北京科技创新对能源效率影响的回归结果分析

北京科技创新、产业结构升级与能源效率的实证回归结果如表 1.3 所示。

表 1.3　北京科技创新对能源效率影响的回归结果

变量	回归模型（1） ee	回归模型（2） ee
rd	−8.629*	−2.788
	（−1.55）	（−1.87）
is		3.650***
		（8.314）
Constant	0.783**	−0.224
	（3.03）	（−1.47）
Observations	12	12
R-squared	0.259	0.915

注：t-statistics in parentheses，*** 表示 $p<0.01$，** 表示 $p<0.05$，* 表示 $p<0.1$。

从表 1.3 中模型（1）来看，不考虑产业结构变动的情况下，北京科技创新指标提升 1%，万元 GDP 能耗就降低 8.629%，即科技创新对万元 GDP 能耗的影响为负显著。模型（2）中，加入控制变量产业结构，结果表明 R-squared 值增加为 0.915，模型拟合度较好。科技创新指标提升 1%，万元 DGP 能耗就降低 2.788%，即科技创新对万元 GDP 能耗的影响仍为负显著；产业结构变动 1%，万元 GDP 能耗就提高 3.650%，即第二产业增加值占地区 GDP 的比重对万元 GDP 能耗的影响为正显著。

（3）天津科技创新对能源效率影响的回归结果分析

天津科技创新、产业结构升级与能源效率的实证回归结果如表 1.4 所示。

表1.4 天津科技创新对能源效率影响的回归结果

变量	回归模型(1) ee	回归模型(2) ee
rd	−2.324 (−0.38)	−0.702 (−0.26)
is		1.081*** (0.56)
Constant	0.838*** (3.59)	−0.415 (6.59)
Observations	12	12
R-squared	0.015	0.831

注：t-statistics in parentheses，*** 表示 $p<0.01$，** 表示 $p<0.05$，* 表示 $p<0.1$。

从表1.4中模型(1)来看，不考虑产业结构变动的情况下，天津地区科技创新指标提升1%，万元GDP能耗就降低2.324%，即科技创新对万元GDP能耗的影响为负显著。模型(2)中，加入控制变量产业结构，结果表明R-squared值增加为0.831，模型拟合度较好。科技创新指标提升1%，万元GDP能耗就降低0.702%，即科技创新对万元GDP能耗的影响仍为负显著；产业结构变动1%，万元GDP能耗就提高1.081%，即第二产业增加值占地区GDP的比重对万元GDP能耗的影响为正显著。

(4) 河北科技创新对能源效率影响的回归结果分析

河北科技创新、产业结构升级与能源效率的实证回归结果如表1.5所示。

表1.5 河北科技创新对能源效率影响的回归结果

变量	回归模型(1) ee	回归模型(2) ee
rd	−32.222** (−2.82)	7.369 (0.53)
is		3.831***

续表

变量	回归模型(1)	回归模型(2)
	ee	*ee*
is		(3.47)
Constant	1.588***	−1.86
	(10.50)	(−1.86)
Observations	12	12
R-squared	0.443	0.763

注：t-statistics in parentheses，*** 表示 $p<0.01$，** 表示 $p<0.05$，* 表示 $p<0.1$。

从表1.5中模型(1)来看，不考虑产业结构变动的情况下，河北地区科技创新指标提升1%，万元GDP能耗就降低32.222%，即科技创新对万元GDP能耗的影响为负显著。模型(2)中，加入控制变量产业结构，结果表明 *R-squared* 值增加为0.763，模型拟合度较好。科技创新指标提升1%，万元GDP能耗就降低7.369%，即科技创新对万元GDP能耗的影响仍为负显著；产业结构变动1%，万元GDP能耗就提高3.831%，即第二产业增加值占地区GDP的比重对万元GDP能耗的影响为正显著。

依据北京、天津和河北的科技创新对能源效率影响的回归结果，发现北京、天津和河北的科技创新对能源效率影响程度均不同，其中河北的能源利用效率最低，但科技创新对能源利用效率的促进作用最大。这也正验证了假设2。

1.4 结论与建议

1.4.1 结论

本研究针对京津冀科技创新对能源效率的影响研究，分别确定京津冀地区层面的被解释变量、解释变量和控制变量及其指标选取，构建了科技创新对能源效率影响的面板回归模型。并依据2009—2020年京津冀地区面板数据，实证分析了京津冀科技创新对能源效率的影响效应。总体来看，京津冀地区整体的科技创新会显著降低万元GDP能耗，提高能源利用效率。但科技创新对能源效率的影响程度存在地区差异,河北地区相对于北京和天津地区来说,科技创新对降低万元 GDP 能耗的作用最大。研究发现:加入控制变量后,第一,从京津冀整体层面来看,京津冀科技创新能正向推进能源效率的提升,即 R&D 活动经费内部支出占 GDP 比重每提升 1%,万元 GDP 能耗就降低 16.974%;第二,京津冀各地区的科技创新对能源效率均有正向促进作用,但提升作用大小存在差异,河北科技创新对能源利用效率的提升作用最明显,即 R&D 活动经费内部支出占 GDP 比重每提升 1%,万元 GDP 能耗就降低 7.369%;北京科技创新对能源利用效率的提升作用次之,即 R&D 活动经费内部支出占 GDP 比重每提升 1%,万元 DGP 能耗就降低 2.788%;天津科技创新对能源利用效率的提升作用略低于北京和河北,即 R&D 活动经费内部支出占 GDP 比重每提升 1%,万元 GDP 能耗就降低 0.702%。

1.4.2 对策建议

当前京津冀仍处于工业化发展阶段,能源消耗量体量较大。为实现"碳达峰、碳中和"目标,减少碳排放,有效提高能源效率,综合以上研究结论,本研究提出以下对策建议:

第一,京津冀科技创新是经济发展的核心竞争力,是实现能源效率提高、生态环境改善、社会经济高质量发展的必然选择。京津冀政府管理部门应加大对科技创新资金的投入,加大科技人才引进力度,鼓励企业、高校和科研机构之间开展交流与合作,并对基础性的创新进行奖励和补贴;通过出台促进科技创新的政策措施,激发创新热情,营造有利于科技创新发展的良好环境。加大京津冀地区 R&D 活动经费内部支出额,推进科技研发进程,促进科技成果的转化,提高京津冀各地区的科技创新水平;同时加强企业与高校的合作,在研发其他技术或产品时,将降低单位能耗放在重要位置。

第二,在京津冀协同发展战略实施背景下,应加强京津冀地区的技术交流与合作,合作建设技术共享平台,共同推进京津冀地区的能源效率的提升。技术共享平台不仅能帮助提升京津冀各地区的科技创新能力,还能帮助降低地区技术壁垒,有效发挥技术进步的溢出效应。同时,建立标准的能源管理制度,规范能源生产、消费问题。

第三,由于科技创新对能源效率的影响存在地区差异,为了更好发挥科技创新对能源利用效率的提升作用,在不同地区应该采用不同的策略。从能源效率差异角度看,相比于京津地区,河北能源效率最低,万元GDP能耗下降趋势缓慢,加强科技创新的必要性和紧迫性更强。河北应该加强科技研发投入,发展技术含量高的创新性企业,开发新技术、新产品,提高技术研发的速度与效率;同时也应该积极鼓励引进新兴产业和高端产业,发展产业和技术研发基地,合理调整产业结构和布局,实现京津冀协同发展。从发展阶段的角度看,在能源效率处于较低水平时,应加强科技研发投入,不断提高能源利用效率;随着能耗的降低,科技创新对能源效率的促进作用逐渐减弱,此时关于降低能耗的科技创新的发展应该循序渐进地开展。

第四,当前京津冀地区的创新发展不均衡,必须完善科技创新激励考核机制。通过加强能源科技人才的培养,建立健全能源科技人才培养、评价、选拔和激励机制,逐渐形成科学、合理、完整的能源科技人才培养链条,充分发挥京津冀科技创新对促进能源效率的影响作用。

参考文献

[1] LI F,ZHANG D,ZHANG J,et al. Measuring the energy production and utilization efficiency of Chinese thermal power industry with the fixed-sum carbon emission constraint[J]. International Journal of Production Economics,2022:252.

[2] 陈钊,陈乔伊. 中国企业能源利用效率:异质性、影响因素及政策含义[J]. 中国工业经济,2019(12):78-95.

[3] 林伯强. 碳中和进程中的中国经济高质量增长[J]. 经济研究,2022,57(1):56-71.

[4] 李宏兵,张兵兵,谷均怡. 本土市场规模与中国能源效率提升:基于动态面板门槛效应的实证研究[J]. 中国人口·资源与环境,2019,29(5):61-70.

[5] 江洪,李金萍,纪成君. 省际能源效率再测度及空间溢出效应分析[J]. 统计与决策,2020,36(1):123-127.

[6] 许光清,邓旭,陈晓玉. 制造业转型升级与经济高质量发展——基于全要素能源效率的研究[J]. 经济理论与经济管理,2020(12):100-110.

[7] 高鹏,岳书敬. 中国产业部门全要素隐含能源效率的测度研究[J]. 数量经济技术经济研究,2020,37(11):61-80.

[8] 张文彬,郝佳馨. 生态足迹视角下中国能源效率的空间差异性和收敛性研究[J]. 中国地质大学学报(社会科学版),2020,20(5):76-90.

[9] 苏捷,李童,王忠.市场分割对工业能源效率的影响——基于空间计量的实证分析[J].生态经济,2022,38(6):49-55.

[10] 谷晓梅,范德成,杜明月.中国区域能源效率关键影响因素分析——基于GML指数和BMA方法的实证研究[J/OL].软科学,2022,36(9):81-88[2022-09-05].http://kns.cnki.net/kcms/detail/51.1268.G3.20220721.1436.016.html.

[11] 陈菁泉,连欣燕,马晓君,等.中国全要素能源效率测算及其驱动因素[J].中国环境科学,2022,42(5):2453-2463.

[12] NEWELL R G, JAFFE A B, STAVINS R N. The Induced Innovation Hypothesis and Energy-Saving Technological Change[J]. The Quarterly Journal of Economics, 1999, 114(3):941-975.

[13] LIANG T, ZHANG Y, QIANG W. Does Technological Innovation Benefit Energy Firms' Environmental Performance? The Moderating Effect of Government Subsidies and Media Coverage[J]. Technological Forecasting and Social Change, 2022, 180(7).

[14] 付娉娉,武光彬,洪亮.基于生态理论的能源利用效率研究[J].哈尔滨商业大学学报(社会科学版),2017(6):16-25.

[15] 贾军,张卓.中国高技术产业技术创新与能源效率协同发展实证研究[J].中国人口·资源与环境,2013,23(2):36-42.

[16] 韦凤琴,黄佐钘.科技投入对长三角能源效率的影响评价——基于动态Malmquist生产率指数的实证研究[J].经济与管理,2012,26(5):87-91.

[17] 郭一鸣,蔺雪芹,王岱.中国城市能源效率空间演化特征及影响因素——基于两阶段Super SBM的分析[J].地域研究与开发,2020,39(2):8-13,35.

[18] 王丹枫.我国能源利用效率、经济增长及产业结构调整的区域特征——基于1995—2007年31个省域数据的分位点回归分析[J].财经研究,2010,36(7):104-113.

[19] KHAZZOOM J, DANIEL. An Econometric Model of the Regulated E-missions for Fuel-efficient New Vehicles[J]. Journal of Environmental Economics and Management,1995,28(2):190-204.

[20] BROOKKES L. Energy Efficiency Fallacies—A Postscript[J]. Energy Policy, 2004,32(8):945-947.

[21] 庞敏,邱代坤,张志伟.技术进步影响能源消费的机制与对策分析[J].统计与决策,2017(16):60-63.

[22] 高辉,冯梦黎,甘雨婕.基于技术进步的中国能源回弹效应分析[J].河北经贸大学学报,2013,34(6):92-95.

[23] 苏兴国.万元GDP能耗背后是一套能源效率指标体系——《能源效率指标:政策制定要件》简介[J].中国统计,2016(8):36-37.

[24] 张长征,施梦雅.金融结构优化、技术创新与区域经济增长[J].工业技术经济,2020,39(9):48-55.

[25] 郭文,孙涛,周鹏.中国区域全要素能源效率评价及其空间收敛性——基于改进的非期望SBM模型[J].系统工程,2015,33(5):70-80.

第 2 章
京津冀产业结构升级对能源效率的影响效应研究

21世纪以来,产业结构转型升级与能源效率问题引起了世界各国政府部门和学界的广泛关注。推进节能型社会建设、实现绿色增长成为全球共识。京津冀地区是我国最具发展活力的三大经济增长极之一。2015年中共中央政治局会议审议通过的《京津冀协同发展规划纲要》强调增强京津冀地区的资源能源保障能力,并将产业升级转移、生态环境保护作为京津冀协同发展的重点领域。党的十八届五中全会明确提出实行能源消耗总量和强度"双控"行动,京津冀地区加快推进产业升级转移,力保实现节能减排目标。从第四次全国经济普查结果来看,京津冀地区产业结构持续优化,第三产业逐渐成为京津冀地区的主导产业。京津冀产业结构的转型升级,有利于推动能源结构调整优化,有效提升产业链上下游及关联产业的能源效率。测量京津冀产业结构升级对能源效率的影响效应,为进一步推进京津冀产业结构转型升级、提高能源效率提出有针对性的对策建议,成为学术界关注的研究热点。

2.1 文献综述

国内外学者对产业结构调整升级与能源效率之间的关系开展了大量研究,但由于测算方法不同,样本选择与指标构建存在差异,研究结果不尽相同,因而形成了两种观点。①产业结构的调整升级能正向显著影响能源效率的提升。如高振宇等[1]通过计算我国各省的能源生产率并进行聚类分析,得出经济发展水平、产业结构、投资及能源价格是影响能源生产率的主要因素。刘洪等[2]、沈冰等[3]通过测算我国中部省市的能源效率,明确技术进步、能源价格和产业结构对能源效率的提升影响显著,其中产业结构的调整升级影响作用最大。吴巧生等、江洪等、Ayres等[4-6]提出在产业结构不能得到良性调整的前提下,其他改善能源效率的方法得不到良好效果。Yao[7]明确我国如果不加速产业结构调整与提高能源效率,经济增长将会严重破坏环境。张勇等[8]基于我国30个省份6大产业数据,采用动态面板方法实证分析了产业结构变迁与能源强度之间的关系,得出产业结构变迁升级能够显著降低能源强度。He等[9]提出通过产业结构调整,增加第三产业比重,能促使能源从低生产率行业流向高生产率行业,从而降低能源消耗强度。②产业结构的调整升级对能源效率的提升作用小,甚至产生负面作用。如罗朝阳等[10]利用非动态面板门槛模型得出只有当技术进步达到一定水平时,产业结构调整升级才会显著影响能源效率的提升。Li等[11]利用非线性方法得出产业结构对能源效率的影响存在临界作用,当第二产业占GDP的比重大于临界值时,产业结构调整升级能显著降低能源强度。梁广华[12]认为产业结构变动过程中产生的拥挤效应和搭便车效应会降低能源的分配和使用效率。于斌斌[13]明确产业结构的调整质量能显著推动能源效率的提升,但产业结构调整幅度对能源效率的提升影响不显著。

实践表明,产业结构调整方向分为数量型和技术进步型两大类,其中数量型的产业结构调整可能不会显著提高能源效率,而技术进步型的产业结构调整可以推动能源效率的提升[14]。但技术创新提升能源效率的作用方式不是直接的、一蹴而就的,主要是通过推动产业结构升级,进而实现能源行业结构优化,稳步有效促进能源效率提升。因此,产业结构对能源效率的影响从单一的线性关系推广到非线性关系[15]。此外,部分学者对能源效率的关键影响要素进行了分析。如田帅等[16]认为固定资产投资要素会显著影响地区能源经济效率。王倩等[17]提出人民币汇率的变动会影响进出口,能够基于能源替代与进出口影响碳价,进而影响能源效率。呙小明等[18]关于重庆能源效率的研究表明,重庆外资企业出口占比的提高并不利于能源效率的提高。

通过文献梳理可知,产业结构调整对能源效率提升的影响研究仍存在以下拓展空间:首先,从研究区域看,现有文献大多以全国或者省区为单位作为研究样本,鲜有文献重点开展京津冀产业结构升级对能源效率的影响研究。其次,从研究内容看,现有文献在产业结构升级对能源效率影响的研究中偏重于分析三次产业相对比重的变化,较少涉及产业内部结构调整和能源利用效率变化等方面。为此,以京津冀产业结构升级对能源效率的影响作为研究主题,从地区层面和产业层面,深入分析京津冀产业结构升级对其能源效率提升的影响。通过明确京津冀产业结构升级对能源效率影响的被解释变量、解释变量和控制变量及其指标选取,构建面板回归模型,利用 Stata 计量软件,测量京津冀产业结构升级对其能源效率提升的显著效应,并进一步提出推进京津冀产业结构转型升级、提高能源效率的对策建议。

2.2 研究方法

为测量京津冀产业结构升级对能源效率的影响效应,分别确定京津冀地区、产业层面的被解释变量、解释变量和控制变量及指标选取,提出理论假说,构建面板回归模型。

2.2.1 变量及指标选取

针对地区层面,选择能源效率作为被解释变量,选择产业结构升级作为解释变量,选择固定资产投资、人民币汇率和出口额作为控制变量。依据现有文献[17-18],变量及指标选取可表述为:①被解释变量:选择"国内生产总值与能源消费量的比值"作为能源效率指标,用 ee 来表示。②解释变量:选择"第三产业增加值与第二产业增加值的比值"作为产业结构升级指标,用 isa 来表示。③控制变量:选择"固定资产投资、人民币汇率和出口额"作为控制变量对应的指标。其中,固定资产投资,用 k 来表示,单位为亿元。人民币汇率,用 $rmbrate$ 来表示。出口额,用 $export$ 来表示,单位为万美元。

针对产业层面,确定京津冀三次产业的产业结构升级对能源效率影响的被解释变量、解释变量、控制变量及其指标选取,具体可表述为:①被解释变量:选择"第一、第二和第三产业的 GDP 与其产业能源消耗的比值"作为三次产业能源效率指标,分别用 ee_1、ee_2、ee_3 表示。②解释变量:选择"第一产业中种植业产值与林牧渔业产值的比值"(用 zl 表示)[19]、"高新技术制造业产值占第二产业总产值的比重"(用 gx 表示)[20]、"服务部门产值与流通部门产值的比值"(用 fl 表示)[21]作为三次产业的产业结构升级指标。③控制变量:针对第一产业,选择"第一产业投资额占总投资额的比值"(用 tz_1 表示)作为资本指标、"第一产业就业人口占总就业人口的比值"(用 ld_1 表示)作为劳动力指标;针对第二产业,选择"专利申请受理数"(用 js 表示)作为技术指标、"第二产业就业人口占总就业人口的比值"(用 ld_2 表示)作为劳动力指标;针对第三产业,选择"第三产业就业人口占总就业人口的比值"(用 ld_3 表示)作为劳动力指标。

2.2.2 理论假说

为分析京津冀产业结构升级对能源效率的影响,提出如下假设:

H1:京津冀地区产业结构升级总体上可正向推动能源效率提升。

H2:提高种植业与林牧渔业产值的比值,可以促进第一产业能源效率的提升,降低第一产业单位 GDP 能耗。

H3:提高高新技术制造业产值占第二产业总产值的比重,可以促进第二产业能源效率的提升,降低第二产业单位 GDP 能耗。

H4:提高服务部门产值与流通部门产值的比值,可以促进第三产业能源效率的提升,降低第三产业单位 GDP 能耗。

2.2.3 面板回归模型构建

本文旨在研究京津冀产业结构升级对能源效率的影响效应,即产业结构升级是否能够真正提高能源效率及其提高的程度。为此,参考文献[22]的基本计量模型,构建京津冀地区的产业结构升级对能源效率影响的面板回归模型,可用公式表示为

$$ee_{it} = c + a \cdot isa_{it} + b_i \cdot \sum u_{it} + \varepsilon_{it} \qquad (2.1)$$

式(2.1)中,ee_{it} 表示第 t 年第 i 地区的能源效率,即国内生产总值与能源消费量的比值;isa_{it} 表示第 t 年第 i 地区的产业结构升级,即第三产业增加值与第二产业增加值的比值;$\sum u_{it}$ 表示第 t 年第 i 地区控制变量的汇总值,控制变量包括固定资产投资(k)、人民币汇率($rmbrate$)和出口额($export$);a、b 表示系数;c 表示截距项;ε_{it} 表示第 t 年第 i 地区的随机误差项。

同时,为探究京津冀各产业内部结构调整升级对能源效率的影响,参考文献[21]的基本计量模型,构建京津冀地区各产业结构调整对能源效率影响的面板回归模型,可用公式表示为

$$\begin{cases} ee_{i1t} = c_1 + a_1 \cdot zl_{it} + b_1 \cdot \sum u_{i1t} + \varepsilon_{i1t} \\ ee_{i2t} = c_2 + a_2 \cdot gx_{it} + b_2 \cdot \sum u_{i2t} + \varepsilon_{i2t} \\ ee_{i3t} = c_3 + a_3 \cdot fl_{it} + b_3 \cdot \sum u_{i3t} + \varepsilon_{i3t} \end{cases} \quad (2.2)$$

式(2.2)中,ee_{i1t}、ee_{i2t}、ee_{i3t}分别表示第t年第i地区第一、第二、第三产业的能源效率;zl_{it}、gx_{it}、fl_{it}分别表示第t年第i地区第一、第二、第三产业的产业结构调整,即种植业产值与林牧渔业产值的比值、高新技术制造业产值占第二产业总产值的比重、服务部门产值与流通部门产值的比值;$\sum u_{i1t}$、$\sum u_{i2t}$、$\sum u_{i3t}$分别表示第t年第i地区第一、第二、第三产业的控制变量的汇总值,其中,第一产业控制变量包括第一产业投资额占总投资额的比值(tz_1)、第一产业就业人口占总就业人口的比例(ld_1),第二产业控制变量为第二产业专利申请受理数(js)、第二产业就业人口占总就业人口的比例(ld_2),第三产业控制变量为第三产业就业人口占总就业人口的比例(ld_3);a_1、a_2、a_3、b_1、b_2、b_3表示系数;c_1、c_2、c_3表示截距项;ε_{i1t}、ε_{i2t}、ε_{i3t}表示第t年第i地区第一、第二、第三产业的随机误差项。

2.3 实证研究

本文数据主要来源于《北京市统计年鉴》、《天津市统计年鉴》和《河北省统计年鉴》,样本范围分别是北京市、天津市和河北省。从数据的可获得性来看,针对地区层面,京津冀产业结构升级对能源效率的影响效应研究,选取时间跨度为2000—2018年的数据。针对产业层面,京津冀第一产业的产业结构升级对其能源效率的影响效应研究,选取时间跨度为2008—2017年的数据;京津冀第二产业的产业结构升级对其能源效率的影响效应研究,选取时间跨度为2010—2017年的数据;京津冀第三产业的产业结构升级对其能源效率的影响效应研究,选取时间跨度为2010—2017年的数据。并以2000年为基期,采用GDP平减指数对GDP、固定资产投资(k)和出口额

($export$)进行平减,以期消除价格变动,进行跨期比较。

2.3.1 京津冀地区产业结构升级对能源效率的影响效应结果分析

采用构建的面板回归模型(1),本文先对所有变量进行平稳性结果检验,以保证估计结果的有效性。通过进行 LLC 检验,结果表明产业结构升级的原变量和一阶差分都通过了平稳性检验,能源效率的一阶差分也通过了平稳性检验,但原变量没有通过平稳性检验,所以可以进行后续计量分析。经过豪斯曼检验,最终选择采用固定效用模型,而非随机模型,基准回归得到的计量结果,如表 2.1 所示。

表 2.1 基准回归的实证结果

变量	回归模型(1)	回归模型(2)	回归模型(3)
C(常数)	0.429 2***	0.758 1*	1.770 5***
isa	0.342 6***		0.233 9***
k		−0.000 03***	−0.000 3***
$rmbrate$		−0.137 9	−0.178 2***
$export$		0.003 6***	0.001 3***
F	224.99	48.62	159.03
R-squared	0.803 6	0.733 5	0.924 4
obs	57	57	57

注:*** 表示 $p<0.01$,** 表示 $p<0.05$,* 表示 $p<0.1$,obs 表示观测个体的数量。模型(1)只考虑解释变量与被解释变量的关系,模型(2)只考虑控制变量和被解释变量之间的关系,模型(3)是考虑在模型(1)的基础上,加入控制变量。

表 2.1 中,采用回归模型(1),考虑解释变量,在不加控制变量的情况下,分析产业结构升级对能源效率的影响。结果表明,产业结构升级指标提升 1%,能源效率提高 0.342 6%,即产业结构升级对能源效率的影响为正显著,说明第三产业相对于第二产业更能提高能源效率。回归模型(1)的 R-squared 值为 0.803 6,且结果显著。

表 2.1 中,采用回归模型(2),不考虑解释变量,加入控制变量,分析控制变量和能源效率之间的关系。结果表明,出口额每增加 1%,能源效率提升

0.003 6%,且结果显著;固定资产投资每增加 1%,能源效率降低 0.000 03%,结果显著;人民币汇率每提升 1%,能源效率降低 0.137 9%,但结果不显著。

表 2.1 中,采用回归模型(3),考虑解释变量,并加入控制变量,分析产业结构升级对能源效率的影响。结果表明,R-squared 值增加为 0.924 4,产业结构升级指标提升 1%,能源效率提高 0.233 9%,且结果显著。

研究表明,京津冀地区的产业结构升级总体上可以正向推动能源效率的提升,支撑了理论假说 H1。处于后工业化时期的京津冀经济体在产业结构"退二进三"的优化升级过程中,生产要素逐渐由"低生产率部门"向"高生产率部门"转移,并由此带动京津冀整体的生产效率提升,在此过程中形成的规模效应和结构红利可有效推动京津冀经济增长,从而进一步促进产业结构优化升级,而产业结构的升级进一步降低经济体对能源的依赖性,有利于降低经济系统的能源消耗强度,既缓解生态环境压力,又提高生产效率。

2.3.2 京津冀第一产业结构升级对能源效率影响的回归结果分析

依据京津冀产业层面的第一产业被解释变量、解释变量和控制变量及其指标,确定京津冀第一产业的产业结构升级对能源效率影响的回归结果,Stata 运行结果如表 2.2 所示。

表 2.2 京津冀第一产业的产业结构升级对能源效率影响的回归结果

Variables	模型(1)	模型(2)	模型(3)
	ee	ee	ee
zl	3.167	6.113**	8.010***
	(2.041)	(2.666)	(2.298)
tz_1		49.33	60.57**
		(30.45)	(25.45)
ld_1		8.989**	
			(3.095)
Constant	−1.158	−3.552*	−5.988***

续表

Variables	模型(1)	模型(2)	模型(3)
	ee	ee	ee
Constant	(1.398)	(1.992)	(1.847)
Observations	30	30	30
R-squared	0.910	0.923	0.951

注：statistics in parentheses，*** 表示 $p<0.01$，** 表示 $p<0.05$，* 表示 $p<0.1$。模型(1)只考虑解释变量与被解释变量的关系，模型(2)、(3)是在模型(1)的基础上，依次加入控制变量。

表 2.2 中，从模型(1)来看，不加控制变量的情况下，种植业与林牧渔业产值的比值上升 1%，第一产业能源效率提高 3.167%，模型(1)的 R-squared 值为 0.910，显著性较高。

表 2.2 中，在模型(2)和模型(3)中分别加入控制变量，结果表明，投资和劳动力的投入都会正向促进能源效率的提升，结果显著，且模型拟合度较好。其中种植业与林牧渔业产值的比值提高 1%，第一产业能源效率提高 8.010%，支撑了理论假说 H2。

2.3.3 京津冀第二产业结构升级对能源效率影响的回归结果分析

依据京津冀产业层面的第二产业被解释变量、解释变量和控制变量及其指标，确定京津冀第二产业的产业结构升级对能源效率影响的回归结果，Stata 运行结果如表 2.3 所示。

表 2.3　京津冀第二产业的产业结构升级对能源效率影响的回归结果

Variables	模型(1)	模型(2)	模型(3)
	ee	ee	ee
gx	2.314***	1.923***	1.609***
	(9.35)	(3.99)	(3.61)
ld_2	−1.543	−8.509**	
		(−0.94)	(−2.76)
js_2			2.068**

续表

Variables	模型(1)	模型(2)	模型(3)
	ee	ee	ee
js_2			(2.56)
Constant	0.259**	0.774	1.731**
	(2.14)	(1.39)	(2.79)
Observations	24	24	24
R-squared	0.799	0.807	0.855

注：statistics in parentheses，＊＊＊表示 $p<0.01$，＊＊表示 $p<0.05$，＊表示 $p<0.1$。模型(1)只考虑解释变量与被解释变量的关系，模型(2)、(3)是在模型(1)的基础上，依次加入控制变量。

表 2.3 中，从模型(1)来看，不加控制变量的情况下，高新技术制造业产值占第二产业总产值的比重上升 1%，第二产业能源效率提高 2.314%，两者之间的关系是显著为正的。

表 2.3 中，在模型(2)和模型(3)中分别加入控制变量，结果表明，技术的投入正向促进能源效率的提升，即高新技术制造业产值占第二产业总产值的比重提高 1%，第二产业能源效率提高 1.609%，且模型拟合度为 0.855，显著性较高，支撑了理论假说 H3。

2.3.4 京津冀第三产业结构升级对能源效率影响的回归结果分析

依据京津冀产业层面的第三产业被解释变量、解释变量和控制变量及其指标，确定京津冀第三产业的产业结构升级对能源效率影响的回归结果，Stata 运行结果如表 2.4 所示。

表 2.4 京津冀第三产业的产业结构升级对能源效率影响的回归结果

Variables	模型(1)	模型(2)
	ee	ee
fl	0.113***	0.212***
	(3.54)	(4.11)

续表

Variables	模型(1) ee	模型(2) ee
ld_3		−2.942*
		(−2.21)
Constant	4.669***	6.575***
	(44.91)	(7.59)
Observations	16	16
R-squared	0.641	0.802

注：t-statistics in parentheses，*** 表示 $p<0.01$，** 表示 $p<0.05$，* 表示 $p<0.1$。模型(1)只考虑解释变量与被解释变量的关系，模型(2)是在模型(1)的基础上，加入控制变量。

表 2.4 中，从模型(1)来看，不加控制变量的情况下，服务部门产值与流通部门产值的比值上升 1%，第三产业能源效率提高 0.113%，两者之间的关系是显著为正的。在模型(2)中加入控制变量，结果表明，劳动力的投入会降低能源效率，服务部门产值与流通部门产值的比值上升 1%，第三产业能源效率提高 0.212%，且模型拟合度提高。从而支撑了理论假说 H4。

2.4 结论与建议

2.4.1 结论

研究表明，京津冀地区产业结构升级总体上可正向推动能源效率提升。提高京津冀种植业与林牧渔业产值的比值，可以促进京津冀第一产业能源效率的提升，降低京津冀第一产业单位 GDP 能耗。提高京津冀高新技术制造业产值占第二产业总产值的比重，可以促进京津冀第二产业能源效率的提升，降低京津冀第二产业单位 GDP 能耗。提高京津冀服务部门产值与流通部门的产值的比值，可以促进京津冀第三产业能源效率的提升，降低京津冀第三产业单位 GDP 能耗。

2.4.2 对策建议

为加快推动京津冀产业结构升级,提升京津冀能源效率,提出以下对策建议:

(1) 加快推进京津冀地区的产业结构优化升级,推动京津冀经济高质量协同发展。①提高京津冀地区的第三产业增加值与第二产业增加值的比值,逐渐实现京津冀地区工业由资源劳动密集型向资本技术密集型转型。②进一步推动天津河北承接"非首都功能疏散"的功能,扩大天津和河北的经济增量,通过规模经济带动产业结构升级,进一步提高能源效率,实现京津冀经济高质量协同发展。

(2) 在"碳达峰、碳中和"目标硬约束背景下,优化京津冀地区的产业结构和能源结构。①降低能源消耗强度大的制造业特别是重工业的比重,提高能源强度较小的服务业和轻工业的比重。②降低碳含量高的煤炭、石油等化石能源的消费比重,提高零碳的可再生能源以及低碳的天然气等清洁能源的消费比重。③提升京津冀地区的科技创新能力,减少能源生产、运输和消费环节的浪费,进一步提高能源利用效率。

(3) 加快推进京津冀三次产业的产业结构优化升级。①针对第一产业,调整优化京津冀种植业与林牧渔业的比例关系,并增加对农、牧业的资金投入,提高劳动生产率。②针对第二产业,加强对京津冀能源、电力以及高新技术行业的投资比例,缓解过去重工业化比重高、资源能源耗费高以及产能过剩等问题,从根本上促进京津冀工业结构升级,提高京津冀制造业产业竞争力。③针对第三产业,调整优化京津冀服务部门与流通部门的产业结构比例关系,提高高层次服务部门占比。由于劳动密集型产业部门提供的流通服务会增加碳排放的强度,因此,应转变交通业的发展方式,使用清洁能源和新型交通工具;未来还需要增加对具有高技术、知识和人力资本的生产性服务业的投入,增加对信息传输、计算机服务和软件业的资金投入,促进第三产业内部行业的协调发展。

参考文献

[1] 高振宇,王益.我国能源生产率的地区划分及影响因素分析[J].数量经济技术经济

研究,2006(9):46-57.

[2] 刘洪,陈小霞.能源效率的地区差异及影响因素——基于中部6省面板数据的研究[J].中南财经政法大学学报,2010(6):38-43.

[3] 沈冰,李鑫.金融发展、产业结构高级化与能源效率提升[J].经济问题探索,2020(12):131-138.

[4] 吴巧生,成金华.中国能源消耗强度变动及因素分解:1980—2004[J].经济理论与经济管理,2006(10):34-40.

[5] 江洪,赵宝福.低碳视角下能源效率变动与产业结构演进非线性动态关系——基于1990—2012年面板数据[J].经济问题探索,2015(7):68-76.

[6] AYRES R U, TURTON H, CASTEN T. Energy efficiency, sustainability and economic growth[J]. Energy, 2007,32(5):634-648.

[7] YAO S,LUO D,ROOKER T. Energy efficiency and economic development in China[J]. Asian Economic Papers, 2012,11(2):99-117.

[8] 张勇,蒲勇健.产业结构变迁及其对能源强度的影响[J].产业经济研究,2015(2):15-22,67.

[9] HE T L, LI Z D, HE L. On the relationship between energy intensity and industrial structure in China[J]. Energy Procredia,2011,5:2499-2503.

[10] 罗朝阳,李雪松.产业结构升级、技术进步与中国能源效率——基于非动态面板门槛模型的实证分析[J].经济问题探索,2019(1):159-166.

[11] LI K,LIN B. The nonlinear impacts of industrial structure on China's energy intensity[J]. Energy,2014,69:258-265.

[12] 梁广华.中国能源效率区域分布差异的实证研究[J].生态经济,2012(12):41-44.

[13] 于斌斌.产业结构调整如何提高地区能源效率?——基于幅度与质量双维度的实证考察[J].财经研究,2017,43(1):86-97.

[14] 张建清,程琴.长江经济带产业结构升级对能源效率的影响研究——基于2001—2017年数据[J].工业技术经济,2020,39(1):129-135.

[15] 焦勇.生产要素地理集聚会影响产业结构变迁吗[J].统计研究,2015,32(8):54-61.

[16] 田帅,严晓宁.能源经济效率、能源消费结构与区域经济增长——基于珠三角地区空间面板数据的实证研究[J].华北电力大学学报(社会科学版),2021(2):38-44.

[17] 王倩,路京京.人民币汇率对中国碳价的冲击效应——基于区域差异的视角[J].武汉大学学报(哲学社会科学版),2018,71(2):157-165.

[18] 冯小明,黄森.重庆对外直接投资对出口贸易影响的实证研究[J].山东农业工程学院学报,2017,34(1):45-49.

[19] 牛凯.中国农村三大产业均衡发展战略[J].中国农业科技导报,2012,14(1):7-17.
[20] 中国人民大学宏观经济分析与预测课题组,刘凤良,于泽,等.寻求产业结构调整的新路径[J].宏观经济管理,2013(10):15-17.
[21] 费兆,刘康,郭艺超.效率视角下的产业结构调整[J].银行家,2013(10):41-43.
[22] 吕明元,陈维宣.中国产业结构升级对能源效率的影响研究——基于1978—2013年数据[J].资源科学,2016,38(7):1350-1362.

第3章
京津冀水资源治理绩效评估研究

党的十九届五中全会明确提出了实施国家节水行动方案，建立水资源刚性约束制度；加强水利基础设施建设，提升水资源优化配置和水旱灾害防御能力。以加快经济发展方式绿色转型为契机，深入开展水资源研究，促进人水和谐共生，提高水资源利用与经济社会发展的适应性，成为中国政府管理部门和学术界的研究热点。京津冀水资源是影响京津冀地区经济发展与产业结构转型升级的先导性要素。京津冀水资源时空分布不均，容易加剧水资源供需的不平衡性，扩大水资源禀赋对京津冀经济社会系统的约束性。为积极应对京津冀地区的水资源挑战，国家部委密集出台了政策文件，加快推进京津冀地区水资源供给侧改革和水资源管理政策制度建设，建立健全京津冀水资源合理配置与高效利用体系。如《京津冀协同发展水利专项规划》提出强化水资源刚性约束，统筹京津冀三地水资源调配；《重点流域水污染防治规划（2016—2020年）》强调打破京津冀行政区域限制，构建京津冀水资源一体化统筹保护机制，加强水资源保护执法联动机制；《关于非常规水源纳入水资源统一配置的指导意见》《京津冀多水源多渠道水资源保障体系总体方案》提出完善区域水资源供给保障体系，实现京津冀多水源配置格局优化。这些政策举措为提高区域水治理绩效提供了重要支撑。如何开展区域水治理绩效评价及其时空分异特征分析，提升区域水治理绩效能力，成为政府管理部门和学界关注的研究热点。

3.1 文献综述

3.1.1 水资源研究时空知识图谱分析

采用陈超美教授开发的 CiteSpace 软件[1-2],开展水资源研究时空知识图谱分析。数据样本取自 CNKI 数据库,根据主题搜索 CSSCI 期刊文献,检索词为:水资源,检索时间为 2010—2020 年。通过剔除会议访谈、会议综述、会议报告等不利于数据分析的文献,共得到 3 070 篇文献。

3.1.1.1 时间分布图谱

年度发文数量是衡量中国水资源研究热度与发展趋势的重要指标。通过 CiteSpace 软件分析,2010—2020 年,中国水资源研究 CNKI 的 CSSCI 期刊发文量主要经历了三个阶段:①2010—2015 年,发文量呈现平稳状态,年均发文量达到 400 篇以上,其中 2012 年的发文量达到峰值,共 555 篇;②2016—2018 年,发文量开始趋于下降,其中 2018 年的发文量达到最低值,仅 177 篇;③2019—2020 年,发文量有所回升,保持年均 300 篇以上(见图 3.1)。

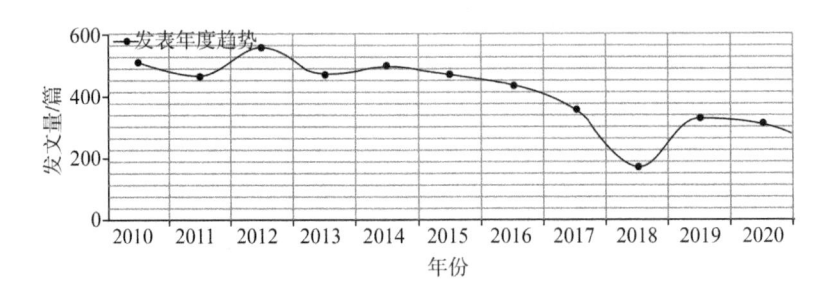

图 3.1 中国水资源研究 CNKI 的 CSSCI 期刊发文量

根据图 3.1 可知,近 10 年来,水资源研究一直是中国政府管理部门和学者们关注的学术热点。与 2010—2016 年相比,近两年国内水资源研究的发文量呈下降态势,说明中国水资源研究进入沉淀期,如何破解水资源利用与经济社会发展适应性的难题,作为中国水资源研究文献新的增长点,其现已成为中国政府部门和学者们高度关注的热点问题。

3.1.1.2 空间分布图谱

(1) 发文作者合作分析

应用 CiteSpace 软件,把 Node types 设定为 Author,时间跨度为 2010—2020 年,时间切片为 1 年,分析得到中国水资源研究的作者合作知识图谱(见图 3.2)。

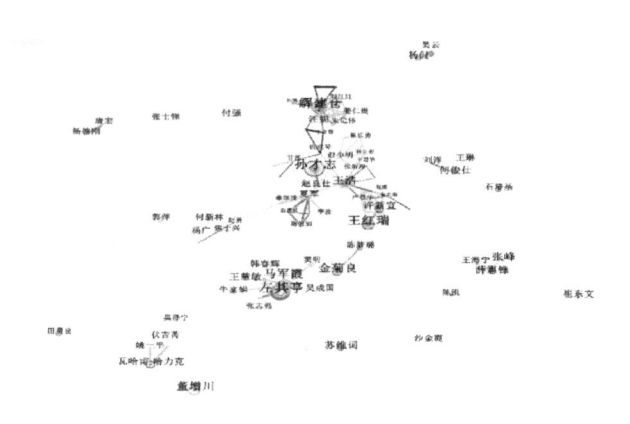

图 3.2 中国水资源研究的作者合作知识图谱

图 3.2 中,节点越大,说明该作者水资源研究的发文量越多;连线越粗,说明作者间的合作越频繁;密度越大,说明作者间的合作程度越高。同时,多个节点间可以形成子网络,表示这一群体作者之间的交流较多。通过 CiteSpace 软件分析,中国水资源研究的作者合作知识图谱显示:$N=563$,$E=624$,$Density=0.0039$,说明国内水资源研究的作者之间合作程度不高。其中,郑州大学的左其亭教授为发文量最多的作者。

(2) 发文机构合作分析

应用 CiteSpace 软件,可进一步得到 2010—2020 年中国水资源研究机构合作知识图谱(见图 3.3)。图 3.3 中,图谱中共有 445 个节点,409 条连接,网络密度为 0.0041。总体来看,中国水资源研究的机构众多,各机构分布较为集中,并且连线较多,说明各机构之间有一定的合作交流关系。

发文量一定程度上反映了该机构在水资源研究领域的实力[3]。根据图 3.3,对中国水资源研究发文量前十的机构进行统计分析(见表 3.1),共计 489 篇。

图 3.3　中国水资源研究机构合作知识图谱

表 3.1　中国水资源研究发文量前 10 位机构　　　　　　　　　　单位：篇

排序	机构名称	发文量
1	河海大学水文水资源学院	73
2	河海大学商学院	73
3	中国水利水电科学研究院	54
4	中国科学院地理科学与资源研究所	51
5	中国科学院大学	47
6	武汉大学水资源与水电工程科学国家重点实验室	43
7	中国水利水电科学研究院水资源研究所	42
8	中国水利水电科学研究院流域水循环模拟与调控国家重点实验室	38
9	郑州大学水利与环境学院	35
10	河海大学水文水资源与水利工程科学国家重点实验室	33

根据表 3.1 可知，国内水资源研究实力较强的机构以高校和科研中心为

主。从发文量占比来看,河海大学更具竞争力,占比高达36.6%。其次为中国水利水电科学研究院,占比为27.4%。

3.1.2 水资源研究热点的关键词分析

3.1.2.1 关键词共现分析

关键词是一篇文章的精髓,出现次数最多的关键词常被用来确定某个研究领域的热点主题[4]。为此,应用CiteSpace 5.7.R3中的关键词共现,探索中国水资源研究热点的关键词,得到中国水资源研究热点的关键词共现网络图谱(见图3.4)。

图3.4 中国水资源研究热点的关键词共现网络图谱

图3.4中,包含节点567个,连线数量3 267条,网络密度为0.020 4。圆圈越大,表示关键词出现的频次越大[5]。根据图3.4可知,水资源承载力、水资源管理、水资源利用、水资源配置出现的频次明显高于其他关键词。同时,水资源安全、指标体系、水资源保护、城镇化等关键词出现的频次也相对较高。

(1) 水资源承载力研究

20世纪80年代,国内学者将承载力的概念引入水资源领域。学者施雅风首次提出水资源承载力的概念,即在一定的社会历史和科学技术发展阶段,在不破坏社会和生态系统的条件下,某一区域的水资源能够承载工业、农业、城市规模和人口的最大能力[6]。此后,姚治君等[7]、段春青等[8]学者从不同的角度阐述和丰富了水资源承载力的概念。同时，水资源承载力评价指标设计从静态的单一指标发展到多指标动态综合分析，水资源承载力评价方法主要包括综合评价方法[9]、主成分分析法[10]、BP神经网络法[11]、生态足迹法[12]等方法。

（2）水资源管理研究

水资源管理是一门涉及生态学、社会学、管理学的综合性交叉学科，不仅包括对水资源的数量和质量进行管理，还包括对与水资源相关的各要素及关系进行管理[13]，如水环境、水生态、水安全方面的管理。中国自20世纪90年代开始出现水资源管理的研究文献，学者们从不同时空视角对水资源管理开展研究。立足中国国情与水情，国内水资源时空分布不均，而经济社会发展对水资源利用的需求较为凸显，导致水资源与经济发展社会发展的适应性仍面临较大的挑战。目前，中国仍处于水资源管理强化阶段，亟需以水利高质量发展支撑经济社会高质量发展，水资源管理的主要工作包括：创新水资源管理理念与思路、加强水利基础设施建设、强化用水总量和强度双控行动、建立健全水资源管理体制机制、完善水资源监管与投资保障机制[14-15]。

（3）水资源利用研究

水资源利用包含了水资源禀赋情况以及经济社会发展对水资源的使用情况，主要是通过一些措施和手段，实现对中国流域和区域生活、生产、生态等水资源的综合利用。目前，国内水资源利用的研究文献主要集中在水资源利用效率评价、水资源利用与经济发展脱钩评价等方面，包括评价体系设计、评价方法构建等内容，如层次分析法、模糊综合评价法、主成分分析法、数据包络分析法、聚类分析方法等[16-20]。研究表明，探索普适性的水资源利用评价指标和评价方法仍是中国水资源利用评价的重点。

（4）水资源配置研究

水资源配置是按照中国水资源的时空分布以及经济社会发展与对水资源需求的差异情况，对水资源进行初始分配和再分配的过程。水资源配置重在解决生活用水保障、农业灌溉、工业生产和生态安全保障，协调上下游、城镇与乡村、流域与区域等经济社会环境问题[21]。中国自20世纪60年代开始水资源配置研究，最初是以水库的优化调度为研究对象。近年来，中国水资源配置研究的核心转变为优化水资源配置模式、协调不同行业用水冲突、解决经济社会发展和生态环境建设的不平衡性。目前,中国水资源配置主要涉及水资源配置模式、水资源优化配置模型、水资源配置方案评价的研究[22]。

3.1.2.2 关键词聚类分析

CiteSpace 在聚类标签的提取上提供了四种标签提取算法:LSI(潜语义索引)、TF-IDF 加权算法(系统默认的自动标签词提取算法)、LLR(对数似然比检验)、MI(互信息算法)[23]。综合来看,使用 LLR 算法进行的聚类所提取的标签更加符合实际情况且重复情况少。为此,使用 LLR 算法对中国水资源研究热点的关键词进行聚类分析,得到中国水资源研究热点的关键词聚类知识图谱(见图 3.5)。

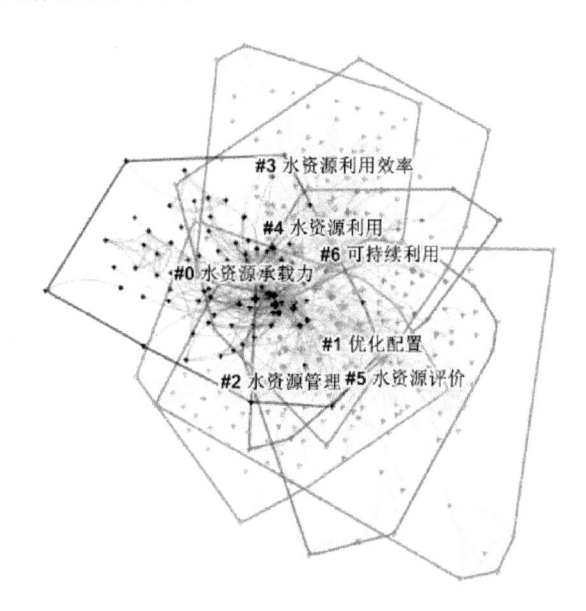

图 3.5 中国水资源研究热点的关键词聚类知识图谱

针对中国水资源研究热点的关键词聚类分析,Silhouette(轮廓度量)是在解释聚类性质时,用来估计聚类所涉及的不确定性。聚类的轮廓值 S 在 −1 到 1 之间,表示解释聚类的性质时需要考虑不确定性。通常,S>0.5,说明聚类合理;S>0.7,意味聚类是令人信服的。如果某一聚类的轮廓度量为 1,表示它与其他聚类完美分离[24]。此次聚类运行结果中,Weighted Mean Silhouette 为 0.732 4。

根据图 3.5 可知,中国水资源研究热点的关键词共分为 7 个聚类,主要包括"♯0 水资源承载力""♯1 水资源优化配置""♯2 水资源管理""♯3 水资源利用效率""♯4 水资源利用""♯5 水资源评价""♯6 水资源可持续利用"。其中,数字越小,说明聚类中包含的关键词越多。研究表明,水资源承载力、水资源优化配置、水资源管理仍是中国水资源研究的热点问题。

现有文献为积极开展京津冀水治理绩效的时空分异特征分析提供了重要参考。梳理文献可知,京津冀水治理符合经济社会生态协调发展的系统框架思路。为此,从经济、社会和生态 3 个维度,构建京津冀水治理绩效评价体系,并解析京津冀水治理绩效的时空分异特征。

3.2 研究方法

3.2.1 京津冀水治理绩效评价指标体系设计

基于区域经济社会生态协调发展的系统框架思路,识别京津冀水治理绩效的评价因子,遵循科学性、动态性、数据可得性和层次性原则,构建京津冀水治理绩效评价指标系,如表 3.2 所示。

表 3.2 京津冀水治理绩效评价指标体系

评价维度	评价因子	评价指标	指标单位
经济治理绩效	经济发展水平	人均 GDP	元/人
		第二产业增加值	亿元
		第三产业增加值	亿元
	产业发展质量	第三产业增加值占 GDP 比重	%
		产业用水结构与产业结构匹配度	—
	用水效率	万元 GDP 用水量	m^3/万元
		万元工业增加值用水量	m^3/万元
		万元第三产业增加值用水量	m^3/万元
		人均用水量	m^3/人
		人均居民生活用水量	m^3/人

续表

评价维度	评价因子	评价指标	指标单位
经济治理绩效	用水效率	单位灌溉面积用水量	m³/亩①
		单位粮食生产用水量	m³/t
	排污绩效	万元GDP废水排放量	t/万元
		万元GDP化学需氧量排放量	t/万元
社会治理绩效	社会发展水平	人口增长率	%
		城镇化率	%
	用水结构	经济用水占比	%
		农业用水占比	%
		居民生活用水占比	%
		生态用水占比	%
生态治理绩效	供水结构	地表水供水占比	%
		地下水供水占比	%
		非常规水源供水占比	%
	生态保护	水利投资占固定资产投资比重	%
		地方财政环境保护支出占GDP比重	%
		治理水土流失面积占比	%
		废污水处理率	%
		森林覆盖率	%

3.2.2 京津冀水治理绩效评价模型

结合表3.2,应用理想解模型和耦合协调度模型,开展京津冀水治理绩效时空分异特征分析。具体步骤可表述为:

步骤1,采用理想解模型,评价京津冀水治理绩效的经济治理绩效指数、

---

① 1亩＝1/15公顷(hm²)。

社会治理绩效指数和生态治理绩效指数。可用公式表示为

$$F_{ij}(t) = \frac{1}{1 + \left(\frac{d_{ijt}(x_{ijtk}, x_{ik}^a)}{d_{ijt}(x_{ijtk}, x_{ijk}^\beta)}\right)^2}$$

$$\begin{cases} d_{ijt}(x_{itk}, x_{ik}^a) = \sqrt{\sum_{k=1}^{n} w_k (x_{ijtk} - x_{ijk}^a)^2} \\ d_{ijt}(x_{itk}, x_{ik}^\beta) = \sqrt{\sum_{k=1}^{n} w_k (x_{ijtk} - x_{ijk}^\beta)^2} \\ x_{ijk}^a = \max_{t=1}^{T}(x_{ijtk}) \\ x_{ijk}^\beta = \min_{t=1}^{T}(x_{ijtk}) \end{cases} \quad (3.1)$$

式(3.1)中，$F_{ij}(t)$ 为京津冀第 t 时期第 i 地区第 j 维度的指数（$j=1$，2，3 分别代表经济治理、社会治理和生态治理）。$d_{ijt}(x_{ijtk}, x_{ijk}^a)$、$d_{ijt}(x_{ijtk}, x_{ijk}^\beta)$ 分别为第 t 时期第 i 地区第 j 维度第 k 项评价指标与指标理想值、负理想值的距离。其中，设 $x_{ijk}^a = (1, 1, \cdots, 1)$，$x_{ijk}^\beta = (0, 0, \cdots, 0)$ 分别为第 i 地区第 j 维度第 k 项评价指标的"理想值""负理想值"。x_{ijtk} 为标准化后的指标值，c_{ijtk} 为指标原始数据值，①正向指标标准化：$x_{ijtk} = \frac{c_{ijtk}}{\max\limits_{t=1}^{T}(c_{ijtk})}$；②逆向指标标准化：$x_{ijtk} = \frac{\min\limits_{t=1}^{T}(c_{ijtk})}{c_{ijtk}}$。$w_k$ 为第 k 项评价指标的权重，为减少人为因素的干扰，采用层次等权法确定指标权重。

步骤2，采用耦合协调度模型，评价京津冀水治理绩效，可用公式表示为

$$F_i(t) = \sqrt{C_i(t) \cdot P_i(t)}$$

$$\begin{cases} C_i(t) = \left[\frac{\prod_{j=1}^{3} F_{ij}(t)}{P_i(t)^3}\right]^{\frac{1}{2}} \\ P_i(t) = \frac{\sum_{j=1}^{3} F_{ij}(t)}{3} \end{cases} \quad (3.2)$$

式(3.2)中，$F_i(t)$ 为京津冀第 t 时期第 i 地区水治理绩效指数；$C_i(t)$ 为

第 t 时期第 i 地区经济治理绩效指数、社会治理绩效指数和生态治理绩效指数的耦合程度；$P_i(t)$ 为第 t 时期第 i 地区经济治理绩效指数、社会治理绩效指数和生态治理绩效指数的协调程度。

3.3 实证研究

根据表 3.2 中，获取京津冀地区的水治理绩效评价指标数据，评价指标数据经原始数据测算得到。其中，原始水资源数据主要来自《中国水利统计年鉴》《中国水资源公报》《北京市水资源公报》《天津市水资源公报》《河北省水资源公报》，原始经济社会发展数据主要来自《中国统计年鉴》《北京市统计年鉴》《天津市统计年鉴》《河北省统计年鉴》，原始生态数据主要来自《北京市环境状况公报》《天津市环境状况公报》《河北省环境状况公报》。

根据式(3.1)和式(3.2)，计算得到 2000—2019 年京津冀地区的水治理绩效(见图 3.6)。

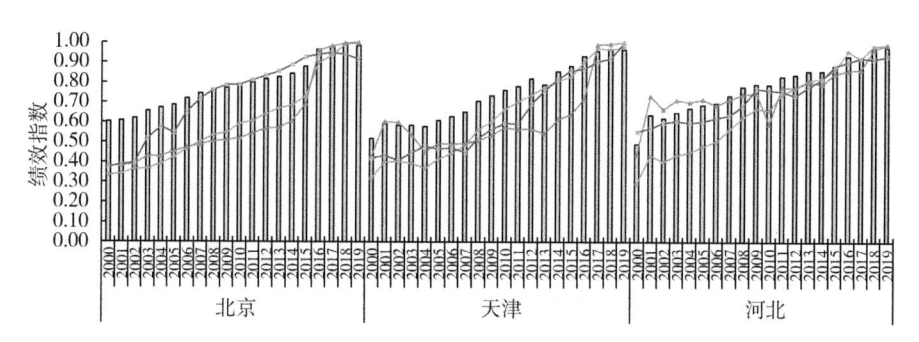

图 3.6　2000—2019 年京津冀地区的水治理绩效

根据图 3.6，2000—2019 年，通过供水结构优化、产业升级、农业节水、用水效率提升与水污染控制等方式，缓解水资源压力，京津冀地区的水治理绩效指数均得到有效提升，北京市、天津市、河北省分别从 0.60、0.52、0.49 增至 0.98、0.96、0.98，其中北京水治理绩效指数高于津冀地区，但京津冀地区的水治理绩效指数增速均达到了 2.64%。至 2019 年，天津的水治理绩效指数略低于北京和河北。

首先，京津冀地区的经济治理绩效指数持续提高，表明京津冀地区经济治理水平均得到有效提升,产业结构不断优化且产业发展质量不断提升,用水效率和排污绩效均持续提高。其中,北京经济治理绩效指数增速最快,年均增长率为5.93%,津冀地区的经济治理绩效指数增速均达到了2.64%。但是,至2019年,北京经济治理绩效指数相对最大,达到最优值1。天津和河北的经济治理绩效指数也接近最优值,分别为0.97、0.99。

其次,京津冀地区的社会治理绩效指数总体呈现波动式上升态势,表明京津冀地区经济治理水平均得到有效提升,社会用水结构不断优化,社会用水需求得到较大保障。其中,北京社会治理绩效指数增速最快,年均增长率为5.26%,其次分别为天津(4.64%)、河北(4.34%)。至2019年,京津地区的社会治理绩效指数均达到最优值1,即京津地区社会用水结构从2000年开始持续优化,2019年达到最优。河北的社会治理绩效指数接近最优值1。

然后,京津冀地区的生态治理绩效指数持续上升,表明京津冀地区供水能力得到较大保障,生态保护力度不断加大。其中,北京生态治理绩效指数增速最快,年均增长率为4.82%,其次分别为天津(4.68%)、河北(2.78%)。至2019年,京津冀地区生态治理绩效指数均未达到最优值1,分别为0.92、0.99和0.93。

3.4 结论与建议

基于区域经济社会生态协调发展的系统框架思路,从经济、社会和生态3个维度,构建了京津冀水治理绩效评价指标体系。应用理想解模型和耦合协调度模型,构建了京津冀水治理绩效评价模型。该方法能够综合反映京津冀水治理绩效的时空分异特征,科学评价京津冀水治理存在的综合问题。从而有利于优化京津冀水资源配置格局,提高京津冀水治理绩效。研究表明,京津冀地区的水治理绩效指数均得到有效提升。但生态治理绩效对水治理绩效指数的提升形成了一定的制约。为进一步提升京津冀地区的水治理绩效,提出以下对策建议:第一,加大水利投资,提高水利投资占固定资产投资比重,同时提高森林覆盖率。第二,强化水土流失治理,减少水土流失面积占比。第三,加大地方财政环境保护支出,提高地方财政环境保护支出占GDP比重,强化废污水处理能力,提高废污水处理率。

参考文献

[1] CHEN C. Searching for intellectual turning points：Progressive knowledge domain visualization[J]. Proceedings of the National Academy of Sciences of the United States of America, 2004, 101：5303-5310.

[2] 顾冬冬.基于 CiteSpace 的农业水资源利用研究进展[J].新疆农垦经济,2020(4)：84-92.

[3] 伍新木,任俊霖,孙博文,等.基于文献分析工具的国内水资源管理研究论文的可视化综述[J].长江流域资源与环境,2015,24(3):489-497.

[4] 孙新宇,姜华.国内外高等教育研究主题之比较分析[J].教育学术月刊,2014(1)：19-24.

[5] 陈思源,陆丹丹,程海梅.基于科技文本挖掘的我国水资源研究知识图谱分析[J].水文,2019,39(2):61-66.

[6] 施雅风,曲耀光,等.乌鲁木齐河流域水资源承载力及其合理利用[M].北京:科学出版社,1992：48-63.

[7] 姚治君,王建华,江东,等.区域水资源承载力的研究进展及其理论探析[J].水科学进展,2002(1):111-115.

[8] 段春青,刘昌明,陈晓楠,等.区域水资源承载力概念及研究方法的探讨[J].地理学报,2010,65(1):82-90.

[9] 席丹墀,许新宜,韩冬梅,等.京津冀地区水资源承载力评价[J].北京师范大学学报(自然科学版),2017,53(5):575-581.

[10] 曹丽娟,张小平.基于主成分分析的甘肃省水资源承载力评价[J].干旱区地理,2017,40(4):906-912.

[11] 杨琳琳,李波,付奇.基于 BP 神经网络模型的新疆水资源承载力情景分析[J].北京师范大学学报(自然科学版),2016,52(2):216-222.

[12] 赵静,王颖,赵春子,等.延边州水资源生态足迹与承载力动态研究[J].中国农业大学学报,2017,22(12):74-82.

[13] 伍新木,任俊霖,孙博文,等.基于文献分析工具的国内水资源管理研究论文的可视化综述[J].长江流域资源与环境,2015,24(3):489-497.

[14] 王亚华.以高质量发展为主题编制好"十四五"水利规划[J].中国水利,2021(2)：3,9.

[15] 李蓉琳.中国水资源管理创新研究[J].经济研究导刊,2020(25):152-153.

[16] 魏素娟,张钰.基于AHP法对甘肃内陆河流域水资源可持续利用的评价[J].安徽农业科学,2011,39(1):483-485.

[17] 祝慧娜,袁兴中,梁婕,等.河流水环境污染风险模糊综合评价模型[J].中国环境科学,2011,31(3):166-171.

[18] 孟令爽,唐德善,史毅超.基于主成分分析法的用水效率评价[J].人民长江,2018,49(5):36-40.

[19] 赵晨,王远,谷学明,等.基于数据包络分析的江苏省水资源利用效率[J].生态学报,2013,33(5):1636-1644.

[20] 吴琼,常浩娟,刘昭.基于聚类的我国各地区水资源利用效率分析[J].人民长江,2018,49(14):55-60.

[21] 卢文峰,胡蝶.水资源配置研究概述[J].人民长江,2014,45(S2):1-5.

[22] 聂春霞,李韧.基于水安全的区域水资源配置方案评价及优选——以天山北坡城市群为例[J].生态经济,2020,36(7):154-163.

[23] CHEN C, IBEKWE-SANJUAN F, HOU J. The Structure and Dynamics of Cocitation Clusters: A Multiple-Perspective Cocitation Analysis [J]. Journal of the American Society for Information Science and Technology, 2010, 61(7): 1386-1409.

[24] CHEN C, SONG M. Visualizing a field of research: A methodology of systematic scientometric reviews [J]. Plos One, 2019, 14(10).

[25] 陈绍辉,王岩.中国社会思潮研究的科学知识图谱分析——基于CiteSpace和Vosviewer的综合应用[J].上海交通大学学报(哲学社会科学版),2018,26(6):22-30.

第 4 章
京津冀水资源与经济社会系统适配性评估研究

　　京津冀水资源是影响京津冀地区经济发展与产业结构转型升级的先导性要素。京津冀水资源时空分布不均，容易加剧水资源供需的不平衡性，扩大水资源禀赋对京津冀经济社会系统的约束性。为积极应对京津冀地区的水资源挑战，国家部委密集出台了政策文件，加快推进京津冀地区水资源供给侧改革和水资源管理政策制度建设，建立健全京津冀水资源合理配置与高效利用体系。如《京津冀协同发展水利专项规划》提出强化水资源刚性约束，统筹京津冀三地水资源调配；《重点流域水污染防治规划（2016—2020年）》强调打破京津冀行政区域限制，构建京津冀水资源一体化统筹保护机制，加强水资源保护执法联动机制；《关于非常规水源纳入水资源统一配置的指导意见》《京津冀多水源多渠道水资源保障体系总体方案》提出完善区域水资源供给保障体系，实现京津冀多水源配置格局优化；《京津冀工业节水行动计划》明确构建与京津冀水资源承载力相适应的产业结构和生产方式，促进京津冀工业高质量绿色发展。这些政策举措为提升京津冀水资源优化配置能力、推动京津冀经济高质量发展提供了重要支撑。京津冀水资源配置管理实践中，如何寻求提高京津冀水资源与经济社会系统适配性的有效途径，保障京津冀水资源系统安全，加快京津冀产业结构优化布局，成为国家和京津冀政府管理部门亟待解决的关键难题。为此，开展京津冀水资源与经济社会系统适配性评估，解析京津冀水资源与经济社会系统适配性时空分异特征，以进一步优化京津冀水资源配置格局、提高京津冀水资源与经济社会系统的适配性。

4.1 文献综述

通过国际文献梳理可知,水资源配置利用对经济社会系统的作用主要体现为三方面:一是统筹体现社会公平、经济效益、生态保护等多维目标,实现经济、社会、环境效益多目标动态均衡[1-4]。如 Condon 等[1]建立了应用于智利 Maipo 流域的水文-农业-经济模型、水资源-经济-水文模型,有效保障与水文条件相适应的水资源利用、农业灌溉与经济发展;Dadmand 等[2]建立了缺水条件下水资源配置利用的鲁棒模糊随机规划模型,并将其应用于伊朗东北部马什哈德市农业、城市和工业用水部门,实现了不同消费部门缺水损失最小、利润最大化的目标;Hu 等[3-4]建立了引入基尼系数和条件风险价值的水资源利用模型,实现公平和风险控制目标。二是充分体现水资源利益相关者的利益诉求,加强水资源利益相关者之间的利益交互与合作[5-6]。如 Read 等[5]为提高水资源配置利用方案的稳定性和可行性,建立了经济学权力指数配置方法,有效模拟水资源利益相关者的谈判过程;Liu 等[6]依据澜沧江-湄公河水资源利用的季节性需求、时空特征及净效用差异,建立了水资源配置利用的模糊联盟博弈模型,加强跨国多主体合作。三是推进产业结构转型与优化升级,提高水资源与经济产业发展的适应性[7-11]。如 Mohammad 等[7]建立了用水结构与产业结构优化模式、机制与路径以及优化仿真模型;Zhang 等[8]构建了水资源与产业结构优化的多目标 ITSP 模型,实现区域产业结构和用水结构的双向优化;Syme、Null 等[9-11]根据适应性管理思路,建立了与集体农业用水户行为相适应的水资源配置利用方法[9]以及气候变化下水资源自适应配置机制与方法[10-11]。通过国际文献梳理和实践成果借鉴,可为我国开展水资源与经济社会系统适配性研究提供宝贵经验。

水资源作为我国区域经济社会发展的先导性和约束性要素,其配置利用的关键在于如何通过创新性的理念思路和较为完善的政策工具、可操作性的技术方法,有效提高水资源与经济社会系统的适配性。我国政府管理部门和学术界创新提出了水资源配置的政治协商机制[12-13],持续推进黄河流域、松辽流域等流域水资源配置利用实践,并建立了一套较为完善的水资源配置原则框架体系,主要包括生活用水优先、保障粮食安全、尊重历史与现状、可持续发展、留有余量、生态用水保障等原则[14-16]。同时,强调政府与市场"两手"发力,一方面,通过水资源管理理念、制度创新,建立健全最严格水资源管理考核制度,强化用水总量与强度双控行动。另一方面,通过大力开展水权交易实践探索,提高用水效率[17]。同时,为实现水资源高效利用与加速产业结构优化升级,学者们通过产业结构用水需求与经济社会发展指标的互动反馈,强化双控行动,构建了多目标优化模型,探索水资源约束下产业结构优化方向[18-21]。如吴丽等[18]构建了宁夏产业结构与用水结构协调的多目标优化模型;徐志伟等[19]建立了京津冀水资源多目标优化配置模型,实现了京津冀经济产业发展、资源集约和环境保护目标的综合协调;张玲玲等[20]应用系统动力学模型,动态模拟江苏省水资源供求变化和用水结构变化,提出了总量控制下用水结构与产业结构优化方案;吴丹[21]建立了京津冀产业结构与水资源双向优化的主从递阶决策模型,实现了京津冀整体的产业结构优化与水资源效益最大化目标。随着研究深化,部分学者构建了一套评估准则[22-25],评估水资源与经济社会系统的适配性。如陈文艳等[22]选取了水资源利用、区域发展和生态环境状况的代表性指标,评估我国各省水资源配置与区域经济发展的适应度;支彦玲等[23]基于压力-状态-影响-响应模型,构建了我国区域"水-能源-粮食"系统适配性评估体系;张丽娜等[24-26]构建了流域水资源消耗结构与产业结构高级化适配方法,测算二者同步变化的程度及方向,揭示区域及其子地区适配度变化的时空差异特征、贡献率及动态演变规律;李星等[27]采用TOPSIS法与耦合协调度方法,对塔里木河流域水资源适应性利用能力进行量化研究,明晰水资源与经济发展的匹配特征。此外,目前学者们重点开展了京津冀地区的水资源-能源-粮食耦合关系[28]、水资源利用与经济发展脱钩评价[29-30]、产业结构和用水结构时空变动态势及驱动因素分析[21,31-34]等研究。

现有文献的研究思路与方法为探索京津冀水资源与经济社会系统的适配性,优化京津冀水资源配置格局提供了重要参考。实践表明,从系统论角度看,水资源与经济社会系统适配过程符合驱动力-压力-状态-影响-响应(Driving force-Pressure-State-Impact-Response,DPSIR)模型框架思路,鲜有文献以此开展京津冀水资源与经济社会系统适配性评估。为此,本书基于DPSIR模型框架,解析水资源与经济社会系统适配机理,以此构建水资源与经济社会系统适配性评估体系。并以京津冀为研究对象,解析京津冀水资源与经济社会系统适配性的时空分异评估,提出有效提升京津冀水资源与经济社会系统适配性的对策建议。

4.2 研究方法

4.2.1 水资源与经济社会系统适配机理与评估指标体系设计

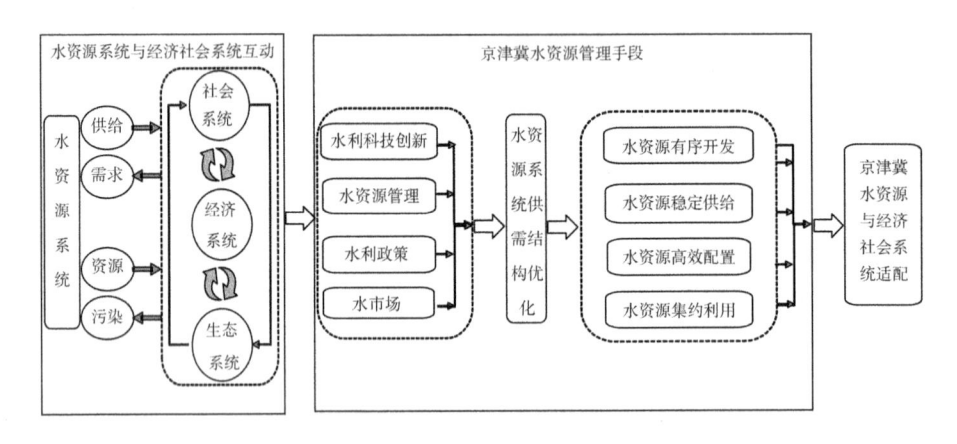

京津冀水资源与经济社会系统适配过程表现为:京津冀水资源系统与经济社会系统相互作用,一方面水资源供给为经济社会系统提供了有力支撑,另一方面,经济社会系统导致水资源需求增加,对水资源系统造成压力。通过水利科技创新、水资源管理、水利政策、水市场等水资源管理手段,可优化京津冀水资源系统供需结构,进行水资源的有序开发、稳定供给、高效配置和集约利用,不断提高京津冀水资源与经济社会系统的适配性,促进经济、社会和生态三大系统均衡协调发展。京津冀水资源与经济社会系统适配过程如图4.1所示。

图 4.1 京津冀水资源与经济社会系统适配过程

依据图4.1可知,京津冀水资源与经济社会系统适配过程符合 DPSIR 模型框架思路。基于 DPSIR 模型框架的水资源与经济社会系统适配机理见图4.2。

根据图4.2可知,水资源与经济社会系统适配过程必须贯彻落实"节水优先、空间均衡、系统治理、两手发力"治水思路,充分发挥政府引导与市场

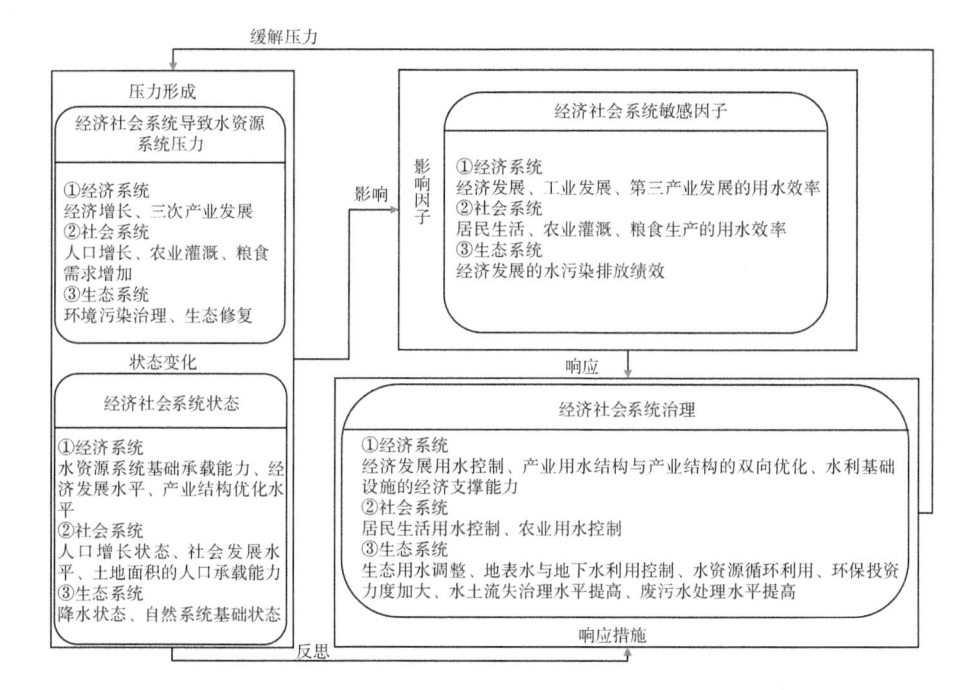

图 4.2　基于 DPSIR 模型框架的水资源与经济社会系统适配机理

调节作用，优化水资源系统供需结构，提高水资源集约利用水平，协同推进产业结构优化布局、节水型社会建设、环境污染治理和生态修复。通过经济、社会和生态三大系统的系统治理，水资源与经济社会系统适配度得到有效提升，最终保障地区均衡发展。

为此，依据图 4.2 中的水资源与经济社会系统适配机理，基于 DPSIR 模型框架，识别图 4.2 中经济、社会和生态三大系统的关键影响因子，构造适配性评估指标体系，开展水资源与经济社会系统适配性评估。结合已有的水资源与经济社会系统的纽带关系研究中采用的相关指标，遵循科学性、动态性、数据可得性和层次性原则，系统设计水资源与经济社会系统适配性评估指标体系（见表 4.1）。

表 4.1 基于 DPSIR 模型框架的水资源与经济社会系统适配性评估指标体系

评估系统	识别因子	评估指标	指标单位	指标选择理由	指标数据来源
经济系统	状态因子	人均水资源量	m³/人	体现地区水资源系统基础承载能力	地区统计年鉴、水资源公报
		人均 GDP	元/人	体现地区经济发展水平	地区统计年鉴
		第三产业增加值占 GDP 比重	%	体现地区产业结构优化水平	地区统计年鉴
	影响因子	万元 GDP 用水量	m³/万元	反映对地区经济发展用水效率的综合影响	地区水资源公报
		万元工业增加值用水量	m³/万元	反映对地区工业用水效率的影响	地区水资源公报
		万元第三产业增加值用水量	m³/万元	反映对地区第三产业用水效率的影响	地区统计年鉴、地区水资源公报
		人均综合用水量	m³/人	反映对地区综合用水效率的影响	地区水资源公报
	响应因子	经济用水占比	%	强化地区经济发展用水控制	地区水资源公报
		产业用水结构与产业结构匹配度	—	强化地区产业用水结构与产业结构双向优化	地区统计年鉴、水资源公报
		水利投资占固定资产投资比重	%	强化水利基础设施经济支撑能力	地区统计年鉴
社会系统	状态因子	人口增长率	%	体现地区人口增长状态	地区统计年鉴
		城镇化率	%	体现地区社会发展水平	地区统计年鉴
		人口密度	人/km²	体现地区土地面积的人口承载能力	地区统计年鉴
	影响因子	人均居民生活用水量	m³/人	反映对地区居民生活用水效率的影响	地区统计年鉴、水资源公报

续表

评估系统	识别因子	评估指标	指标单位	指标选择理由	指标数据来源
社会系统	影响因子	单位灌溉面积用水量	m³/亩	反映对地区农业灌溉用水效率的影响	地区统计年鉴、水资源公报
		单位粮食生产用水量	m³/t	反映对地区粮食生产用水效率的影响	地区统计年鉴、水资源公报
	响应因子	居民生活用水占比	%	强化地区居民生活用水控制	地区水资源公报
		农业用水占比	%	强化地区农业用水控制	地区水资源公报
生态系统	状态因子	年均降水量	mm	体现地区降水状态	地区水资源公报
		森林覆盖率	%	体现地区自然系统基础状态	地区水资源公报
	影响因子	万元GDP废水排放量	t/万元	反映对地区污水排放绩效的影响	地区统计年鉴、水资源公报、环境状况公报
		万元GDP化学需氧量排放量	t/万元	反映对地区污染物排放绩效的影响	地区统计年鉴、水资源公报、环境状况公报
	响应因子	生态用水占比	%	强化地区生态用水调整	地区水资源公报
		地表水供水占比	%	强化地区地表水资源开发利用控制	地区水资源公报
		地下水供水占比	%	强化地区地下水开采控制	地区水资源公报
		非常规水源供水占比	%	强化地区水资源系统循环利用	地区水资源公报
		地方财政环境保护支出占GDP比重	%	强化地区地方政府环境保护投资	地区统计年鉴
		治理水土流失面积占比	10³ hm²	强化地区水土流失治理	地区水利统计年鉴
		废污水处理率	%	强化地区废污水处理	地区环境状况公报

4.2.2 水资源与经济社会系统适配性评估模型构建

依据表4.1,应用理想解模型,分别测算不同时期地区水资源与经济系统、社会系统、生态系统的适配度。在此基础上,综合评价不同时期地区水资源与经济社会系统的适配度。可用公式表示为

$$F_{it} = \cfrac{1}{1+\left(\cfrac{d_{it}(x_{itk},x_{ik}^a)}{d_{it}(x_{itk},x_{ik}^\beta)}\right)^2}$$

$$\begin{cases} d_{it}(x_{itk},x_{ik}^a) = \sqrt{\sum_{k=1}^{n} w_k^2 (x_{itk}-x_{ik}^a)^2} \\ d_{it}(x_{itk},x_{ik}^\beta) = \sqrt{\sum_{k=1}^{n} w_k^2 (x_{itk}-x_{ik}^\beta)^2} \\ x_{ik}^a = \max_{t=1}^{T}(x_{itk}) \\ x_{ik}^\beta = \min_{t=1}^{T}(x_{itk}) \end{cases} \quad (4.1)$$

式(4.1)中,F_{it} 为第 t 时期第 i 地区的水资源与经济社会系统适配度。F_{it} 越大,则第 t 时期第 i 地区水资源系统与经济社会系统越相适应。$d_{it}(x_{itk},x_{ik}^a)$、$d_{it}(x_{itk},x_{ik}^\beta)$ 分别为第 t 时期第 i 地区第 k 指标与指标理想值、负理想值的距离。其中,设 $x_{ik}^a = (1,1,\cdots,1)$、$x_{ik}^\beta = (0,0,\cdots,0)$ 分别为第 i 地区第 k 指标的"理想值""负理想值"。x_{itk} 为标准化后的指标值,c_{itk} 为指标原始数据值,①正向指标标准化:$x_{itk} = \cfrac{c_{itk}}{\max\limits_{t=1}^{T}(c_{itk})}$;②逆向指标标准化:$x_{itk} = \cfrac{\min\limits_{t=1}^{T}(c_{itk})}{c_{itk}}$;③非常规指标标准化:若人口增长率第 t 时期为负值,其标准化值可设定为第 $t-1$ 时期的值。w_k 为第 k 指标的权重,为减少人为因素的干扰,采用层次等权法确定指标权重。

4.3 京津冀水资源与经济社会系统适配性实证结果及分析讨论

京津冀地区水资源数据主要来自《中国水利统计年鉴》《中国水资源公

报》《北京市水资源公报》《天津市水资源公报》《河北省水资源公报》《北京市环境状况公报》《天津市环境状况公报》《河北省环境状况公报》,京津冀地区经济社会数据主要来自《中国统计年鉴》《北京市统计年鉴》《天津市统计年鉴》《河北省统计年鉴》。根据式(4.1),计算得到2000—2020年京津冀地区水资源与经济社会系统的适配度(见图4.3)。

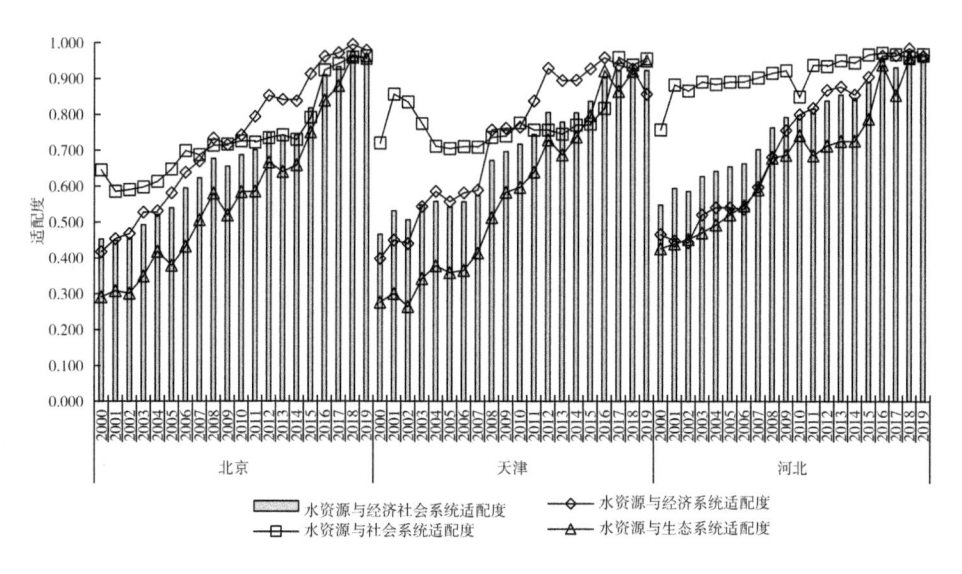

图4.3 2000—2019年京津冀地区水资源与经济社会系统适配度

根据图4.3可知,在京津冀地区人均GDP、人均水资源量、城镇化水平、降水量等状态因子变化的情况下,通过供水结构优化、产业升级、农业节水、用水效率提升与水污染控制等方式,缓解水资源压力,提升经济、社会两大系统用水效率,降低生态系统水环境污染,进而有效提升京津冀地区水资源与经济社会系统适配度。2000—2020年,北京、天津、河北的水资源与经济社会系统适配度分别从0.433、0.445、0.509增至0.962、0.895、0.933,年均增速分别为4.08%、3.55%、3.08%。其中,京津地区水资源与经济系统、社会系统、生态系统适配度的总体变化趋势较为趋同,与河北存在显著的时空差异性。但京津冀地区均表现为水资源与生态系统适配度增速最快、水资源与社会系统适配度增速最慢(见图4.4)。

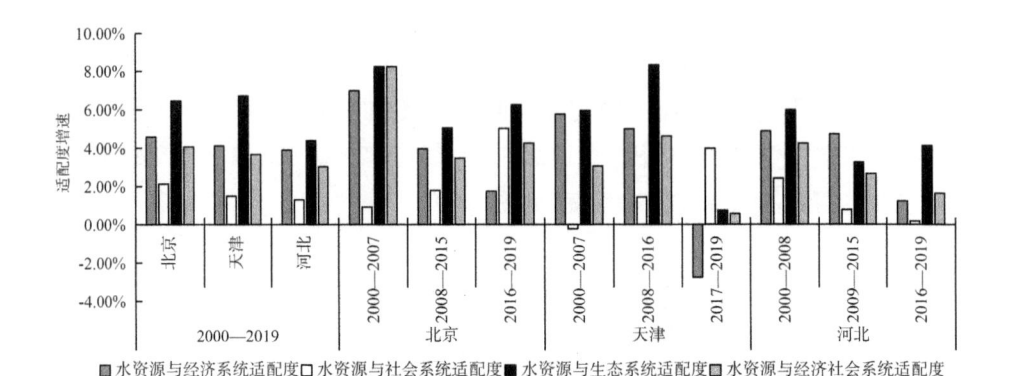

图 4.4　2000—2019 年京津冀地区水资源与经济社会系统适配度的增速

4.3.1　北京水资源与经济社会系统适配度的阶段特征及经济分析

根据图 4.3 和图 4.4 可知,2000—2020 年,北京水资源与经济、生态两大系统的适配度快速提升,水资源与社会系统适配度稳步提升,水资源与经济、社会、生态三大系统的适配度年均增速分别为 4.61%、2.25%、6.18%。其中:

①2000—2007 年,农业用水比例显著下降,居民生活用水效率和农田灌溉用水效率显著提升,水资源与社会系统适配度始终高于经济、生态两大系统。同时,经济用水效率快速提升、产业用水结构与产业结构匹配度持续提高、供水结构调整和水污染治理力度加大,水资源与经济、生态两大系统的适配度增速远高于社会系统,水资源与经济、社会、生态三大系统适配度的年均增速分别为 6.85%、0.93%、7.56%。

②2008—2015 年,通过加快推进产业结构转型升级和经济用水效率提升,水资源与经济系统适配度快速提升。自 2010 年开始超越社会系统。虽然水资源与生态系统适配度仍最低,但由于供水结构进一步优化,地方财政环保支出和水生态系统治理力度加大,水资源与生态系统适配度快速提升,其增速显著高于经济、社会两大系统,达到 4.99%。与 2000—2007 年相比,由于居民生活用水效率未发生显著变化,农田灌溉用水效率略有提高,促使水资源与社会系统适配度略有提升。

③2016—2019年,通过加大节水型社会建设力度、进一步提升居民生活和农业灌溉的用水效率,水资源与社会系统适配度增速较快,达到4.77%。同时,通过加大水生态系统治理力度,水资源与生态系统适配度增速最快,达到6.18%。且水资源与生态系统适配度和水资源与经济、社会两大系统适配度的差距逐渐缩小。至2020年,经济、社会、生态三大系统均衡发展,水资源与经济、社会、生态三大系统适配度均保持较高水平且差异较小,分别为0.981、0.956、0.945。

4.3.2　天津水资源与经济社会系统适配度的阶段特征及经济分析

根据图4.3和图4.4可知,2000—2020年,天津水资源与经济、生态两大系统的适配度快速提升,水资源与社会系统适配度呈现"波动性平稳—上升"变化态势,水资源与经济、社会、生态三大系统的适配度年均增速分别为4.16%、1.88%、5.81%。其中:

①2000—2007年,尽管水资源供给不足、农业用水占比增加、农田灌溉用水效率提升不显著,但居民生活用水效率显著提升、居民生活用水占比下降,促使水资源与社会系统适配度波动性平稳变化。同时,水资源与经济、生态两大系统的适配度虽相对较低,但由于经济用水效率显著提升和水利投资加大、供水结构调整和水污染控制力度加大,水资源与经济、生态两大系统的适配度增速均较快,分别为5.76%、5.20%。

②2008—2015年,通过加快推进产业结构转型升级和提升经济用水效率、提高产业用水结构与产业结构匹配度、加强水生态系统治理和优化供水结构,水资源与经济、生态两大系统的适配度增速明显高于社会系统,分别达到5.84%、8.22%,且水资源与经济、生态两大系统的适配度分别于2008年、2015年超越社会系统。与2000—2007年相比,居民生活和农田灌溉用水效率虽未发生显著变化,但由于城镇化率提高、农业用水占比下降,水资源与社会系统适配度仍平稳上升。至2015年,水资源与经济、社会、生态三大系统适配度分别增至0.928、0.698、0.712。

③2016—2020年,通过加大节水型社会建设力度、提升居民生活和农业灌溉的用水效率、降低农业用水占比,水资源与社会系统适配度快速提升并保持最高水平。由于经济用水效率下降,水资源与经济系统适配度略有下

降。同时,通过进一步强化水生态系统治理和优化供水结构,水资源与生态系统适配度有所提升。至2020年,经济、社会、生态三大系统较均衡发展,水资源与经济、社会、生态三大系统适配度均保持较高水平,分别为0.899、0.965、0.822。

4.3.3 河北水资源与经济社会系统适配度的阶段特征及经济分析

根据图4.3和图4.4可知,2000—2019年,河北水资源与经济、生态两大系统的适配度快速提升,水资源与社会系统适配度总体保持最高水平。水资源与经济、社会、生态三大系统适配度年均增速分别为3.90%、1.31%、4.39%。其中:

①2000—2007年,虽然河北是农业用水大户,但伴随城镇化率快速提高、农业用水占比逐渐下降、居民生活用水效率和农田灌溉用水效率逐步上升、粮食生产用水效率快速提升,水资源与社会系统适配度从0.688快速升至0.818,显著高于经济、生态两大系统。同时,由于经济用水效率快速提升、水利投资和水污染控制力度加大,水资源与经济、生态两大系统适配度快速提升且相对接近,其增速显著高于社会系统,分别为3.20%、4.11%。

②2008—2015年,通过调整产业结构和提高经济用水效率、加强水生态系统治理和优化供水结构,水资源与经济、生态两大系统的适配度显著提升,且增速明显高于社会系统。与2000—2007年相比,由于居民生活用水效率、农田灌溉用水效率、粮食生产用水效率均得到进一步提升,且农业用水占比进一步下降,水资源与社会系统适配度仍保持平稳变化,高于经济、生态两大系统。

③2016—2020年,伴随水资源与社会系统适配度的平稳上升,通过提升经济用水效率、加大水生态系统治理力度,水资源与经济、生态两大系统适配度快速提升。至2020年,水资源与经济、社会两大系统适配度均保持较高水平且差异极小,分别为0.980、0.968。受到水污染排放的影响,水资源与生态系统适配度降至0.851。

4.4 结论与建议

4.4.1 结论

基于 DPSIR 模型框架,识别水资源与经济、社会、生态三大系统适配性的关键影响因子,构建水资源与经济社会系统适配性评估指标体系。并应用理想解模型,评估京津冀地区水资源与经济社会系统适配度。该方法能够综合反映京津冀水资源与经济社会系统适配度的时空分异特征,同时能够更好地把握京津冀水资源与经济社会系统适配存在的综合问题。

北京水资源与经济社会系统适配性评估结果表明:①"状态因子"人均 GDP 和人均水资源量,"影响因子"万元 GDP 用水量、万元工业增加值用水量和万元第三产业增加值用水量对北京水资源与经济系统适配度的影响显著;②"影响因子"单位灌溉面积用水量、"响应因子"农业用水占比对北京水资源与社会系统适配度的影响显著;③"状态因子"年均降水量、"影响因子"万元 GDP 废水排放量和万元 GDP 化学需氧量排放量、"响应因子"生态用水占比和非常规水源供水占比对北京水资源与生态系统适配度的影响显著。

天津水资源与经济社会系统适配性评估结果表明:①"状态因子"人均 GDP 和人均水资源量,"影响因子"万元 GDP 用水量、万元工业增加值用水量和万元第三产业增加值用水量对天津水资源与经济系统适配度的影响显著;②"影响因子"人均居民生活用水量、单位灌溉面积用水量和单位粮食生产用水量,"响应因子"农业用水占比对天津水资源与社会系统适配度的影响显著;③"状态因子"年均降水量、"影响因子"万元 GDP 废水排放量和万元 GDP 化学需氧量排放量,"响应因子"生态用水占比、非常规水源供水占比、地方财政环境保护支出占 GDP 比重和治理水土流失面积占比对天津水资源与生态系统适配度的影响显著。

河北水资源与经济社会系统适配性评估结果表明:①"状态因子"人均 GDP 和人均水资源量,"影响因子"万元 GDP 用水量、万元工业增加值用水量和万元第三产业增加值用水量、"响应因子"水利投资占固定资产投资比重对河北水资源与经济系统适配度的影响显著;②"状态因子"城镇化率、

"影响因子"单位灌溉面积用水量对河北水资源与社会系统适配度的影响显著;③"状态因子"年均降水量,"影响因子"万元GDP废水排放量和万元GDP化学需氧量排放量,"响应因子"生态用水占比、地表水供水占比、非常规水源供水占比、地方财政环境保护支出占GDP比重和废污水处理率对河北水资源与生态系统适配度的影响显著。

4.4.2 对策建议

根据京津冀地区水资源与经济社会系统适配性评估结果,立足京津冀地区的经济发展特征,亟须建立京津冀地区水资源清单,梳理水资源时空分布与水资源流动特点,优化京津冀地区水资源整体布局,推进京津冀地区水资源协同管理,因地制宜提出提升京津冀地区水资源与经济社会系统适配性的对策建议。

(1) 京津冀地区水资源与经济系统适配度提升对策

针对京津冀地区经济系统对水资源系统的压力,首先,加快建立京津冀地区水资源刚性约束制度体系,强化最严格水资源管理制度考核和双控行动方案,制定产业节水行动计划,加强用水总量和第三产业用水量控制。其次,推进京津冀地区产业结构优化升级,发展第三产业以及低耗水、低耗能的高端产业,改善生产工艺,加速推进节水技术创新,降低水资源消耗。然后,完善水市场建设,通过水权转让等制度优化水资源在京津冀地区及其产业之间配置比例,优化天津、河北产业用水结构,提高产业用水结构与产业结构匹配度。并进一步完善水权交易制度,提高水资源流动和转化效率,有效提升京津冀地区万元GDP用水量、万元工业增加值用水量和万元第三产业增加值用水量。此外,加大水利投资,利用工程技术手段,完善京津冀地区水资源供给保障体系,提高人均水资源量。最终减少京津冀地区经济系统对水资源系统的压力,提升京津冀地区水资源与经济系统适配度。

(2) 京津冀地区水资源与社会系统适配度提升对策

针对京津冀地区社会系统对水资源系统的压力,首先,提升京津冀地区农业水利科技创新能力,改进农业灌溉技术,将高耗水作物改为低耗水作物,提高农业灌溉用水效率,降低农业灌溉用水量和单位灌溉面积用水量,并重点减少河北农业灌溉对水资源系统的压力,加快提升河北城镇化水平。其次,提高天津粮食生产用水效率,降低单位粮食生产用水量。并加大京津冀地区节水型社会建设力度,完善居民生活用水的阶梯水价制度,适度提高居民生活的阶梯水价,合理调控人均居民生活用水量。最终减少京津冀地区社会系统对水资源系统的压力,提升京津冀地区水资源与社会系统适配度。

(3) 京津冀地区水资源与生态系统适配度提升对策

针对京津冀地区生态系统对水资源系统的压力,首先,利用工程技术手段,完善京津冀地区水资源供给保障体系,应对气候变化对京津冀地区降水量的影响,并加大南水北调中线工程对京津冀地区的生态补水。其次,有效控制地表水开发利用,减少地下水开采量,并加大地下水回灌,实现地下水采补平衡,降低地下水供水占比。同时通过污水资源化与海水淡化技术手段,加大津冀地区再生水与海水淡化的利用,提高再生水与海水淡化等非常规水源供水占比。然后,把水污染排放绩效纳入京津冀地区政府考核体系,严控水环境质量底线和水生态保护红线,在对口承接地区产业转移的同时,坚决避免水污染转移,有效降低京津冀地区万元 GDP 废水排放量和万元 GDP 化学需氧量排放量。并加大津冀地区地方财政环境保护支出,提高废污水处理率。最终减少京津冀地区生态系统对水资源系统的压力,提升京津冀地区水资源与生态系统适配度。

参考文献

[1] CONDON L E, MAXWELL R M. Implementation of a linear optimization water allocation algorithm into a fully integrated physical hydrology model[J]. Advances in Water Resources,2013,60:135-147.

[2] DADMAND F, NAJI-AZIMI Z, FARIMANI N M, et al. Sustainable allocation of water resources in water-scarcity conditions using robust fuzzy stochastic programming[J]. Journal of Cleaner Production,2020,276(10):123812.

[3] HU Z, WEI C, YAO L, et al. A multi-objective optimization model with conditional value-at-risk constraints for water allocation equality[J]. Journal of Hydrology, 2016,542:330-342.

[4] FENG J. Optimal allocation of regional water resources based on multi-objective dynamic equilibrium strategy[J]. Applied Mathematical Modelling,2021,90:1183-1203.

[5] READ L, MADANI K, INANLOO B. Optimality Versus Stability in Water Re-

source Allocation[J]. Journal of Environmental Management,2014,133(15):343-354.

[6] LIU D,JI X,TANG J,et al. A fuzzy cooperative game theoretic approach for multinational water resource spatiotemporal allocation[J]. European Journal of Operational Research,2020,282(3):1025-1037.

[7] MOHAMMAD S T,RAYMOND R T,CHIU A S F. Emergy-Based Fuzzy Optimization Approach for Water Reuse in An Eco-industirial Park[J]. Resourses,Conservation and Recycling,2011,55(7):730-737.

[8] ZHANG L N,ZHANG X,WU F,et al. Basin Initial Water Rights Allocation under Multiple Uncertainties:a Trade-off Analysis[J]. Water Resources Management,2020,34(03):955-988.

[9] SYME G J. Acceptable risk and social values:struggling with uncertainty in Australian water allocation[J]. Stochastic Environmental Research and Risk Assessment,2014,28(1):113-121.

[10] NULL S E,PRUDENCIO L. Climate change effects on water allocations with season dependent water rights[J]. Science of the Total Environment,2016,571(15):943-954.

[11] GALLAGHER L,LAFLAIVE X,ZAESKE A,et al. Embracing risk,uncertainty and water allocation reform when planning for Green Growth[J]. Aquatic Procedia,2016,6:23-29.

[12] 汪恕诚.水权和水市场——谈实现水资源优化配置的经济手段[J].中国水利,2000(11):6-9.

[13] 胡鞍钢,王亚华.转型期水资源配置的公共政策:准市场和政治民主协商[J].中国软科学,2000(5):5-11.

[14] 胡继连,葛颜祥.黄河水资源的分配模式与协调机制——兼论黄河水权市场的建设与管理[J].管理世界,2004(8):43-52,60.

[15] 王金霞,黄季焜,ROZELLE S.激励机制、农民参与和节水效应:黄河流域灌区水管理制度改革的实证研究[J].中国软科学,2004(11):8-14.

[16] 王浩,党连文,汪林,等.关于我国水权制度建设若干问题的思考[J].中国水利,2006(1):28-30.

[17] 王亚华.水治理如何"两手发力"[J].中国水利,2014(10):4-6.

[18] 吴丽,田俊峰.区域产业结构与用水协调的优化模型及评价[J].南水北调与水利科技,2011,9(4):51-54,72.

[19] 徐志伟.基于地区-产业双重维度的京津冀生产用水资源优化研究[J].区域经济评论,2013(1):62-68.

[20] 张玲玲,王宗志,李晓惠,等.总量控制约束下区域用水结构调控策略及动态模拟[J].长江流域资源与环境,2015,24(1):90-96.

[21] 吴丹.京津冀地区产业结构与水资源的关联性分析及双向优化模型构建[J].中国人口·资源与环境,2018,28(9):158-166.

[22] 陈文艳,易斐,李亚非,等.水资源配置与区域发展的适应性分析浅议[J].中国水利,2018(7):15-17.

[23] 支彦玲,陈军飞,王慧敏,等.共生视角下中国区域"水-能源-粮食"复合系统适配性评估[J].中国人口·资源与环境,2020,30(1):129-139.

[24] 张丽娜,吴凤平,张陈俊,等.流域水资源消耗结构与产业结构高级化适配性研究[J].系统工程理论与实践,2020,40(11):3009-3018.

[25] 张丽娜,徐洁,庞庆华,等.水资源与产业结构高级化的适配度时空差异及动态演变[J].自然资源学报,2021,36(8):2113-2124.

[26] 张丽娜,曹逸文,庞庆华,等.产业结构高级化对区域用水总量时空差异的驱动效应研究[J].软科学,2020,34(7):1-7.

[27] 李星,左其亭,韩淑颖,等.塔里木河流域水资源适应性利用能力评价及调控[J].水资源保护,2021,37(2):63-68.

[28] 李桂君,李玉龙,贾晓菁,等.北京市水-能源-粮食可持续发展系统动力学模型构建与仿真[J].管理评论,2016,28(10):11-26.

[29] 杨晶雪,洪传春.京津冀地区水资源利用与经济增长脱钩分析——基于水足迹法[J].经济视角,2018(5):21-29.

[30] 吴丹,李昂,张陈俊.双控行动下京津冀经济发展与水资源利用脱钩评价[J].中国人口·资源与环境,2021,31(3):150-160.

[31] 颜明,贺莉,孙莉英,等.京津冀产业升级过程中水资源利用结构调整研究[J].干旱区资源与环境,2018,32(12):152-156.

[32] 刘洋,李丽娟.京津冀地区产业结构和用水结构变动关系[J].南水北调与水利科技,2019,17(2):1-9.

[33] 栗清亚,裴亮,孙莉英,等.京津冀区域产业用水时空变化规律及影响因素研究[J].生态经济,2020,36(10):141-145,159.

[34] 曹俊文,方晓娟.京津冀水资源消耗时空差异的驱动效应研究[J].统计与决策,2020,36(6):54-58.

下篇

科技创新视角下京津冀协同治理能力评价体系研究

第 5 章
京津冀科技协同创新评价研究

党的十六届五中全会明确提出了增强自主创新能力、建设创新型国家的战略。随后中国开始加速推动科技创新发展。党的十八大以来,中国政府不断完善科技创新体制机制,鼓励创新主体多元化,推动政产学研合作创新,推进科技资源优化配置,加速提升国家科技创新能力。党的十九届五中全会明确提出"坚持创新在我国现代化建设全局中的核心地位,把科技自立自强作为国家发展的战略支撑",强调"面向世界科技前沿、面向经济主战场,完善国家创新体系,加快建设科技强国"。国家"十四五"规划从经济发展、创新驱动、民生福祉、绿色生态、安全保障五个方面,制定落实了"十四五"时期经济社会发展的主要指标,其中,创新驱动是推动中国国民经济和社会发展的重要驱动力,处于国家发展全局的核心位置。同时,国家"十四五"规划提出了"完善国家创新体系,提升企业技术创新能力,激发人才创新活力,完善科技创新体制机制,全社会研发经费投入年均增长 7% 以上"。这为中国进一步强化国家战略科技力量,加快实现"跻身创新型国家前列"的国家发展战略目标提供了重要的战略支撑。《京津冀协同发展规划纲要》《"十三五"时期京津冀国民经济和社会发展规划》等政策文件的出台实施,对于京津冀科技协同创新评价体系的设计具有重要的实践指导意义。《"十三五"时期京津冀国民经济和社会发展规划》明确制定了创新发展、转型升级、绿色发展等 9 个方面的重点发展任务。这些政策制度为加快推进京津冀科技协同创新、缩小京津冀科技创新差距提供了重要政策支撑。在京津冀协同发展战略实施背景下,构建一套较为完善的京津冀科技协同创新评价体系,有利于为京津冀科技协同创新实践提供理论指导和决策支撑。

5.1 文献综述

陈超美教授开发的 CiteSpace 软件,作为用于分析和可视化共引网络的重要工具,能够将一个知识领域的演进历程集中展现在一幅引文网络图谱上,帮助把知识图谱上的引文节点文献和共引聚类所表征的研究前沿自动标识出来[1]。CiteSpace 软件主要包含三种常用可视化方式:聚类视图、时间线视图、时区视图。其中聚类视图侧重于体现聚类间的结构特征,时间线视图侧重于勾画聚类之间的关系和某个聚类中文献的历史跨度,时区视图侧重于从时间维度上来表示知识演进的视图。为此,应用 CiteSpace 软件,通过国内科技创新研究文献的科学计量学分析,对科技创新的研究热点及演化开展研究。中国科技创新研究热点及演化的数据样本取自 CNKI 数据库中的 CSSCI 期刊文献,文献检索词为"科技创新",文献检索时间为"1998—2020 年"。通过剔除掉会议访谈、会议综述、会议报告等不利于数据分析的文献,共得到 2 853 篇文献。同时,选择 TOP 50 为选择标准,设置时间切片为 1,调节阈值得到中国科技创新研究的关键词共现图谱、关键词聚类图谱、时间线图、时区图。

5.1.1 科技创新研究的关键词共现分析与突变分布

(1) 关键词共现分析

关键词是一篇文章的精髓,出现次数最多的关键词常被用来确定某个研究领域的热点主题[2]。使用 CiteSpace 5.7.R2 中的关键词共现,将 1998—2020 年中国知网 CNKI 收录的 CSSCI 期刊筛选出 2 853 篇科技创新文献,并进行数据转换,得到 CiteSpace5.7.R2 可处理的文件格式。同时,设置分板界面,时间设置为 1998—2020,Years per slice 默认数值为 1,节点类型选择"Key-word"。最终,得到中国科技创新研究的关键词共现图(见图 5.1)。

图 5.1 中,共包含节点 867 个,连线数量 1 820 条,网络密度为 0.004 8。其中,节点越大,说明该节点词的词频越高;频次越高,说明该词在网络中的中心性越高[3]。根据图 5.1 可知,中国科技创新的研究热点重点体现在科技创新能力、科技创新效率、科技创新政策、科技创新体系、科技创新团队、科技创新平台、区域科技创新、农业科技创新、高校科技创新等方面。

图 5.1 中国科技创新研究的关键词共现图

(2) 关键词突变分布

突变词主要是以关键词为基础,在某个时间跨度所发表的文献中专业术语的突显,反映出不同时段的研究热点,主要表现在突变词的年代分布和突变强度两个方面[4]。应用 CiteSpace 软件,得到国内科技创新文献中前 20 个突变词,主要包括知识经济、农业、高新技术产业化、科技期刊、高校科技创新、研究型大学、科技创新体系、科技创新平台、机制、指标体系、知识产权、对策、技术创新、高校、自主创新、评价、创新能力、科技创新人才、科技创新政策、创新驱动(见表 5.1)。

表 5.1 中国科技创新文献中前 20 的关键词突变分布情况

关键词	年份	突变强度	开始年份	结束年份	1998—2020
知识经济	1998	6.44	1998	2001	
农业	1998	4.06	1999	2008	
高新技术产业化	1998	3.77	2000	2003	
科技期刊	1998	3.62	2000	2002	
高校科技创新	1998	6.38	2002	2006	
研究型大学	1998	3.49	2002	2008	
科技创新体系	1998	10.47	2003	2009	
科技创新平台	1998	3.9	2004	2005	

续表

关键词	年份	突变强度	开始年份	结束年份	1998—2020
机制	1998	3.84	2004	2007	
指标体系	1998	6.54	2006	2010	
知识产权	1998	5.98	2006	2011	
对策	1998	5.48	2006	2012	
技术创新	1998	4.61	2006	2009	
高校	1998	5.86	2007	2009	
自主创新	1998	4.07	2007	2008	
评价	1998	3.7	2008	2013	
创新能力	1998	4.74	2009	2014	
科技创新人才	1998	5.02	2010	2014	
科技创新政策	1998	4.7	2012	2020	
创新驱动	1998	5.37	2014	2020	

根据表5.1可知,从中国科技创新文献中前20个关键词突变分布情况来看,随着时间推移,中国科技创新的研究热点不断变化,主要可分为三个阶段:①2000—2006年,农业科技创新、高校科技创新、研究型大学、科技创新体系与机制等成为主流的研究热点[5]。②2006—2012年,科技创新体系、指标体系、知识产权、科技创新对策、技术创新、科技创新评价、科技创新能力、科技创新人才成为研究热点。③2012—2020年,中国科技创新的研究热点主要集中在科技创新政策、创新驱动等方面。

5.1.2 科技创新研究的关键词聚类分析

5.1.2.1 关键词聚类图

CiteSpace软件在聚类标签的提取上提供了4种标签提取算法:LSI(潜语义索引)、TF-IDF加权算法(系统默认的自动标签词提取算法)、LLR(对数似然比检验)、MI(互信息算法)[6]。综合来看,使用LLR算法进行的聚类所提取的标签更加符合实际情况且重复情况少。同时,Muscularity(模块化)度量了网络可以划分为多个独立块(模块)的程度。低模块化表明不能将网络简化为具有清晰边界的聚类,而高模块化则意味着网络结构良好。通常,Muscularity Q 的值介于 0.4~0.8 之间,说明适合聚类[7]。Silhouette(轮廓度量)是在解释聚类性质时,用来估计聚类所涉及的不确定性。聚类的轮廓值 S 在 −1 到 1 之间,表示解释聚类的性质时需要考虑不确定性。通常 $S>0.5$,则聚类合理;$S>0.7$,则聚类令人信服。如果某一聚类的轮廓度量为 1,表示它与其他聚类完美分离[8-9]。为此,使用 LLR 算法,对国内科技创新文献的关键词进行聚类分析,其中,$Q=0.605\ 8$,$S=0.862\ 9$。最终,得到中国科技创新研究文献的关键词聚类图(见图 5.2)。

图 5.2 中国科技创新研究的关键词聚类图

根据图 5.2 可知,中国科技创新研究主要包括 8 个关键词聚类:♯0 科技创新、♯1 科技创新能力、♯2 科技创新效率、♯3 高校科技创新、♯4 创新能力、♯5 经济增长、♯6 农业科技创新、♯7 粤港澳大湾区。其中,从数字 0 到 7,数字越小,说明聚类中包含的关键词越多。

5.1.2.2 时间线分析

以关键词聚类分析为基础,可进一步剖析中国科技创新研究的关键词聚类的时间演变趋势。选择 CiteSpace 软件中的"Timeline View"后,调整相关数值,得到中国科技创新研究的关键词时间线图(见图 5.3)。

根据图 5.3,对中国科技创新研究的 8 个关键词聚类的时间线进行分析。其中:

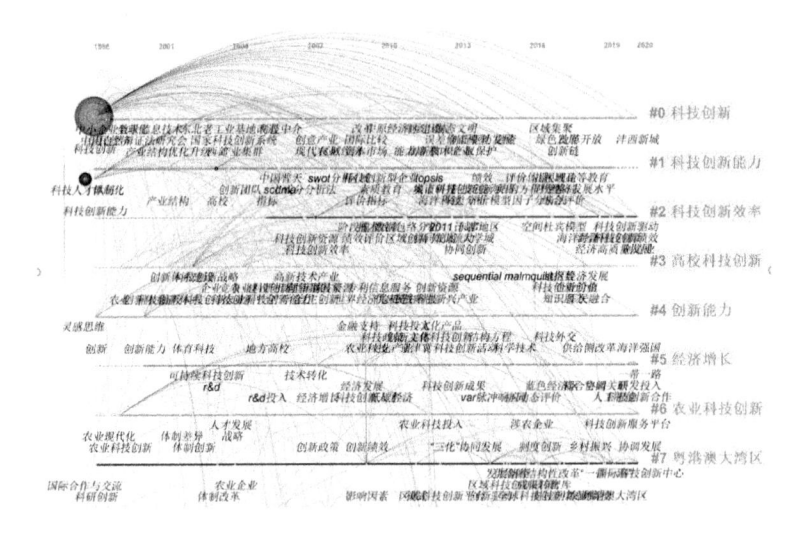

图 5.3　中国科技创新研究的关键词时间线图

①聚类"♯0 科技创新"与剩下的几个聚类连线较为密集,各聚类彼此之间的连线也较为密集,说明各个聚类之间具有高度相关性。该聚类时间线上最大的关键词节点是"科技创新",与该节点相关的文献最早出现在 1998年。从图 5.3 中可看出,"科技创新"一直是研究热点并且频繁出现在其余的聚类中。

②聚类"♯1 科技创新能力"与聚类"♯0 科技创新"类似,该聚类时间线上最大的关键词节点是"科技创新能力",相关文献最早出现在 1998 年。究其原因,1998 年,中国科学院实施"知识创新工程",作为建设国家创新体系的试点。同年 5 月,江泽民同志在庆祝北京大学建校 100 周年大会上宣告:"为了实现现代化,我国要有若干所具有世界先进水平的一流大学。"[10]同时,1998 年出现"科技人才队伍""国家创新体系"等研究主题。

③聚类"♯2 科技创新效率"从 2005 年开始引起关注。该聚类上最早出现的关键词节点是"DEA 方法"。DEA 方法 1978 年由美国著名运筹学家查恩斯(Charnes)、库伯(Cooper)和罗兹(Rhodes)等提出,可评价具有多个输入和多个输出的决策单元的相对有效性[11]。如学者尤瑞玲等[12]运用超效率 DEA,对 2004—2015 年北京市及中国沿海地区 12 个省(市、区)的科技创新效率进行了评价;李嘉怡等[13]采用 DEA 方法,评价广东省 21 个地级市的科技创新能力,研究发现国内科技创新效率评价多以 DEA 方法为主,评价

方式比较单一。

④聚类"♯3高校科技创新"主要包括"研究性大学""人才培养""创新体系"等关键词节点,最早的关键词节点出现在1998年,这与聚类"♯1科技创新能力"的关键词节点"科技人才队伍"出现的时代背景一致,说明从1998年起,国家重视高等院校人才培养。根据图5.3可知,2019—2020年,聚类"♯3高校科技创新"的关键词节点几乎为零,说明2019—2020年该聚类的关注度降低。

⑤聚类"♯4创新能力"中最大的关键词节点是"灵感思维"。学者许志峰[14]对中外科技史上数百件灵感创新活动进行了概括,发现"灵感"是创新的重要思维方式之一。此外,聚类"♯4创新能力"包括"科技创新团队""人才""科技投入"等重要的关键词节点,均是影响创新能力的关键因素。党的十九大报告提出:"坚持陆海统筹,加快建设海洋强国。"推动海洋科技创新是建设海洋强国必不可少的重要措施。2019年,中国创新能力的关注点从"人才""团队"转变为"海洋强国"。

⑥聚类"♯5经济增长"中最大的关键词节点是"经济增长",相关文献最早出现于2007年。聚类"♯5经济增长"的关键词节点"经济增长"与其他7个聚类密不可分,其他7个聚类中均出现关键词节点"经济增长",说明科技创新与经济增长密切联系,科技创新是影响经济增长的关键驱动因素[15]。

⑦聚类"♯6农业科技创新"中最大的关键词节点是"农业科技创新",相关文献最早出现在1998年,学者陈友云等[16]从基本前提、根本目标、主要内容和必要措施4个方面,对中国新的农业技术革命进行了讨论,提出农业发展和科技进步必定会带来新的农业技术革命。2012年中央一号文件聚焦农业科技创新,因此,2012—2020年,关键词节点"农业科技创新"出现的频次增多。

⑧聚类"♯7粤港澳大湾区"涉及的文献较少,最早与之相关的文献出现在1998年,涉及关键词节点"国际合作与交流"。2019年2月18日,党中央、国务院正式公开发布《粤港澳大湾区发展规划纲要》。把粤港澳大湾区建设成"具有全球影响力的国际科技创新中心"是应对新一轮科技革命挑战、参与全球竞争、提高国家竞争力的重要砝码[17]。2019—2020年,与"粤港澳大湾区"相关的研究文献数量有所增加。

纵观图5.3中的关键词时间线图分布发现,科技创新一直是中国政府管理部门和学术界的研究热点。但随着不同时期国家政策的调整,关注热点随之改变。同时,科技创新的成果不再单一应用于企业,也广泛应用于高校、农业等其他领域。

5.1.2.3 关键词时区分析

关键词时区图侧重于从时间维度上来表示知识演进,可清晰展示某领域文献的更新和相互影响[18]。为此,在剖析中国科技创新研究的关键词聚类的时间演变趋势基础上,进一步得到中国科技创新研究的关键词时区图(见图5.4)。

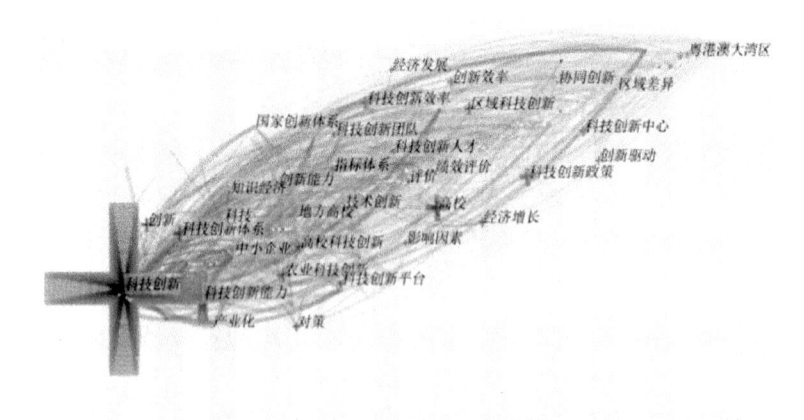

1998 1999 2000 2001 2002 2003 2004 2005 2006 2007 2008 2009 2010 2011 2012 2013 2014 2015 2016 2017 2018 2019 2020

图5.4 中国科技创新研究的关键词时区图

根据图5.4可知,1998—2020年中国科技创新研究可划分为三个阶段[19]。①1998—2006年,中国科技创新研究主要以中小企业为主体,以政府支持为引导,构建国家创新体系,重点围绕农业科技创新、科技创新能力、高校科技创新、中小企业、科技创新体系、国家创新体系等关键词开展研究。②2006—2012年,中国科技创新研究主体多元化,不仅限于企业技术创新,同时涉及科技创新平台、科技创新团队、科技创新效率、科技创新评价、指标体系等研究主题。③2012—2020年,中国科技创新研究主要涉及科技创新政策、粤港澳大湾区、创新驱动、协同创新等研究主题,为推动中国区域科技协同创新、把中国建设成为科技强国提供了重要支撑。

研究表明,不同时期中国科技创新研究的侧重点不同,中国科技创新不单以企业技术创新为重点研究方向,国家政策也是影响科技创新研究的主导因素。创新是引领发展的第一动力,中国始终坚持创新驱动发展,把科技创新摆在国家发展全局的核心位置,以科技创新造福人类,努力建设世界领先的科技创新中心。

5.2 京津冀科技创新水平动态对比

5.2.1 评价指标筛选

参照《京津冀协同发展规划》《"十三五"时期京津冀国民经济和社会发展规划》等政策文件,明确京津冀科技创新的"政策导向性"指标。同时,参照以"京津冀""科技创新"为主题的核心期刊文献,采用文献梳理法,确定京津冀科技创新的"文献参考性"指标。结合"政策导向性"指标和"文献参考性"两大类指标,获得京津冀科技创新评价指标,见表5.1。

表5.1 京津冀科技创新评价指标

指标		单位	指标权重
一级指标	二级指标		
科技创新投入	R&D人员	人	0.137
科技创新环境	地方财政科学技术支出	亿元	0.16
科技创新产出	专利申请受理数	件	0.172
	每万人口专利拥有量	件/万人	0.21
科技创新成效	技术市场成交额	亿元	0.175
	高技术产业新产品销售收入	亿元	0.146

表5.1中,采用变异系数法,确定科技创新评价指标的权重,可用公式表示为

$$\begin{cases} w_i = \dfrac{V_i}{\sum\limits_{i=1}^{m} V_i} \\ V_i = \dfrac{\sigma_i}{\dfrac{1}{n}\sum\limits_{i=1}^{n} x_i} \end{cases} \quad (5.1)$$

式(5.1)中，w_i 为第 i 个指标的权重；V_i 为第 i 个指标的变异系数，$\sum_{i=1}^{m} V_i$ 为各指标的变异系数和；σ_i 为第 i 个指标的标准差；$\frac{1}{n}\sum_{i=1}^{n} x_i$ 为第 i 个指标的均值。

5.2.2 科技创新水平动态对比

依据设计的京津冀科技创新评价指标，采用加权法，评价京津冀科技创新水平。可用公式表示为

$$W_j(t) = \sum_{i=1}^{m} [w_i \cdot x_{ji}(t)]$$

$$x_{ji}(t) \atop {k=1\sim 4} = \begin{cases} \dfrac{a_{ji}(t) - \min a_{ji}(t)}{\max a_{ji}(t) - \min a_{ji}(t)} & a_{ji} \text{ 为效益型指标} \\ \dfrac{\max a_{ji}(t) - a_{ji}(t)}{\max a_{ji}(t) - \min a_{ji}(t)} & a_{ji} \text{ 为成本型指标} \end{cases} \quad (5.2)$$

式(5.2)中，$W_j(t)$ 为第 t 时期第 j 地区的科技创新水平，其中 $j=1$、$j=2$、$j=3$、$j=4$ 分别代表北京、天津、河北、京津冀整体；$x_{ji}(t)$ 为第 t 时期第 j 地区的第 i 个指标经无量纲化后的指标值；$a_{ji}(t)$ 为第 t 时期第 j 地区的第 i 个指标值；$\max a_{ji}(t)$、$\min a_{ji}(t)$ 分别为第 t 时期第 j 地区第 i 个指标的最优值、最劣值。

根据式(5.2)，以 2009 年为基准年，确定 2010—2018 年京津冀科技创新水平，见表 5.2。

表 5.2 京津冀科技创新水平

年份	北京	天津	河北	京津冀
2010	0.101	0.073	0.030	0.076
2011	0.205	0.184	0.117	0.170
2012	0.266	0.331	0.218	0.294
2013	0.429	0.544	0.269	0.486
2014	0.572	0.652	0.352	0.604
2015	0.596	0.790	0.441	0.673
2016	0.725	0.854	0.599	0.779

续表

年份	北京	天津	河北	京津冀
2017	0.826	0.745	0.697	0.816
2018	1.000	0.827	0.978	0.960

由表 5.2 可知：2010—2018 年，京津冀科技创新水平均呈递增趋势；京津冀科技创新变化呈多时态性。

①2010 年，科技创新水平呈北京(0.101)＞天津(0.073)＞河北(0.030)的规律。这是由于北京在科技创新投入、环境、产出和成效方面具有绝对优势，科技创新资源丰富、资源累积能力强大。此时，北京 R&D 人员达到 269 932 人，分别是天津(86 374 人)和河北(91 794 人)的 3.1 倍、2.9 倍；北京地方财政科学技术支出达到 179 亿元，分别是天津(43 亿元)和河北(30 亿元)的 4.2 倍、6.0 倍；北京国内专利申请受理数达到 57 296 件，是天津(25 973 件)和河北(12 295 件)的 2.2 倍、4.7 倍；北京技术市场成交额达到 1 579.54 亿元，是天津(119.34 亿元)和河北(19.29 亿元)的 13.2 倍、81.9 倍；北京每万人口专利拥有量达到 17 件，是天津(8 件)和河北(1 件)的 2.1 倍、17 倍；北京高技术产业新产品销售收入达到 13 607 777 万元，是天津(8 481 937 万元)和河北(701 061.5 万元)的 1.6 倍、19.4 倍。

②2011—2016 年，科技创新水平总体呈现天津(0.854)＞北京(0.725)＞河北(0.599)的变化规律，这是由于天津科技创新增长空间巨大。天津 R&D 人员由 2011 年的 111 586 人增至 2016 年的 177 165 人，年均增长 10 930 人，年均增长率高达 9.8%；地方财政科学技术支出由 2011 年的 60 亿元增至 2016 年的 125 亿元，年均增长 10.8 亿元，年均增长率高达 18.1%；专利申请受理数由 2011 年的 38 489 件增至 2016 年的 106 514 件，年均增长 11 338 件，年均增长率高达 29.5%；技术市场成交额由 2011 年的 169.38 亿元增至 2016 年的 552.64 亿元，年均增长 63.9 亿元，年均增长率高达 37.7%；每万人口专利拥有量由 2011 年的 10 件增至 2016 年的 25 件，年均增长近 3 件，年均增长率高达约 30%；高技术产业新产品销售收入由 2011 年的 7 950 951 万元增至 2016 年的 15 989 132 万元，年均增长 1 339 697 万元，年均增长率高达 16.8%。

③2017—2018 年，科技创新水平北京(1.000)＞河北(0.978)＞天津

(0.827)的规律。这是由于京津冀一体化背景下,河北受到京津地区科技创新辐射和带动作用,发展势头迅猛,科技创新水平同比增长40%。此时,河北专利申请受理数同比增长37%、技术市场成交额同比增长210%、每万人专利拥有量同比增长40%、高技术产业新产品销售收入同比增长9%。综上,北京、河北科技创新发展呈持续向好态势且发展结果均较好,天津前期科技创新发展势头强劲,发展过程较好。

5.3 京津冀科技协同创新水平评价

依据设计的京津冀科技创新评价指标,采用相对发展度法和耦合协调度模型,评价京津冀科技创新相对发展水平与科技协同创新水平,可用公式表示为

$$\begin{cases} E_{jj'}(t) = \dfrac{W_j(t)}{W_{j'}(t)} \\ D(t) = \sqrt{C(t) \cdot P(t)} \\ C(t) = \left[\dfrac{\prod_{j=1}^{4} W_j(t)}{P(t)^j}\right]^{\frac{1}{j}} \\ P(t) = \dfrac{1}{j} \sum_{j=1}^{4} W_j(t) \end{cases} \quad (5.3)$$

式(5.3)中,$E_{jj'}(t)$为第t时期第j地区与第j'地区科技创新的相对发展水平;$W_j(t)$、$W_{j'}(t)$分别为第t时期第j地区与第j'地区的科技创新水平;$D(t)$为第t时期京津冀科技协同创新水平;$C(t)$为第t时期京津冀之间科技创新水平的耦合指数,衡量京津冀之间科技创新水平的耦合关联程度;$P(t)$为第t时期京津冀之间科技创新水平的协调指数,衡量京津冀之间科技创新水平的协同程度。

根据式(5.3),确定京津冀科技创新相对发展水平与科技协同创新水平,见表5.3。

研究表明,①从科技协同创新水平来看,京津冀科技协同创新水平呈递增趋势,协同度由0.25上升至0.97,协同等级由"中度失同"向"优质协同"过渡。2010—2018年,北京-天津科技协同创新水平由0.29上升至0.95、北

京-河北由 0.23 上升至 0.99、天津-河北由 0.22 上升至 0.95，北京-天津科技协同创新水平总体优于北京-河北、天津-河北。②从科技创新相对发展水平来看，北京-天津、北京-河北和天津-河北的相对发展水平基本处于"超前-同步"阶段。综合来看，北京-天津科技创新协同度较高且相对发展较均衡，而河北虽然受北京、天津技术溢出和辐射带动作用影响，科技创新水平提升较快，但河北与北京、天津科技创新水平的差距延缓了北京-河北和天津-河北协同创新步伐，导致北京-河北、天津-河北的科技创新低协同与失衡发展，从而影响了京津冀科技协同创新。

表 5.3　京津冀科技创新相对发展水平与科技协同创新水平

年份	北京-天津 D	等级	E	阶段	北京-河北 D	等级	E	阶段	天津-河北 D	等级	E	阶段	京津冀 D	等级
2010	0.29	中度失同	1.39	超前	0.23	中度失同	3.35	超前	0.22	中度失同	2.42	超前	0.25	中度失同
2011	0.44	濒临失同	1.12	同步	0.39	轻度失同	1.75	超前	0.38	轻度失同	1.56	超前	0.41	濒临失同
2012	0.54	勉强协同	0.81	同步	0.49	濒临失同	1.22	超前	0.52	勉强协同	1.51	超前	0.52	勉强协同
2013	0.70	初级协同	0.79	滞后	0.58	勉强协同	1.59	超前	0.62	勉强协同	2.02	超前	0.63	初级协同
2014	0.78	中级协同	0.88	同步	0.67	初级协同	1.62	超前	0.69	初级协同	1.85	超前	0.71	中级协同
2015	0.83	良好协同	0.75	滞后	0.72	中级协同	1.35	超前	0.77	中级协同	1.79	超前	0.77	中级协同
2016	0.89	良好协同	0.85	同步	0.81	良好协同	1.21	超前	0.85	良好协同	1.43	同步	0.85	良好协同
2017	0.89	良好协同	1.11	同步	0.87	良好协同	1.18	同步	0.85	良好协同	1.07	同步	0.87	良好协同
2018	0.95	优质协同	1.21	超前	0.99	优质协同	1.02	同步	0.95	优质协同	0.85	同步	0.97	优质协同

注：等级划分借鉴文光明等[20]的研究得到。

5.4　结论与建议

2010—2018 年，京津冀科技创新水平显著。其中，北京和河北科技创新呈持续向好态势且发展结果均较好，天津前期科技创新动力强劲，发展速度较快，后期科技创新水平略有下降。北京、天津两地之间科技创新水平趋近，北京-天津科技协同度较高，而河北虽然受北京、天津技术溢出和辐射带动作用影响，科技创新水平提升较快，但河北与北京、天津科技创新水平的差距延缓了北京-河北和天津-河北科技协同创新步伐，导致北京-河北、天津-河北科技创新的低协同与失衡发展，从而影响了京津冀科技协同创新。

针对科技创新环境，北京存在着地方财政科学技术支出中后期投入力度不足、河北地方财政科学技术支出投入力度持续低下等问题;针对科技创新产出,天津存在着国内专利申请受理数基数小、产出不足的问题;针对科技创新成效,北京存在着高技术产业新产品销售收入不稳定、结果不理想,天津高技术产业新产品销售收入先升后降、后期效果不佳,河北技术市场成交额度小、创新成效低迷等问题。

为此,京津冀亟需营造良好科技创新环境,提高科技创新成效。具体对策包括:①对科技系统内部科技投入产出效率进行经常性评估,以及时调整不同科技资源的配置结构,提高科技资源配置效率。②通过教育、人才引进等手段提高科研人员水平,通过税收、国家奖励等手段鼓励大众创新,以提高科研成果产出数量及质量。③推动建设区域间科研成果共享机制及产学研协同发展机制,充分发挥各区域及各产业比较优势,优化科技资源区域间配置结构,以实现京津冀地区科技进步"1+1>2"的经济效应。④法律层面,强化各地相关科技政策的法律约束力,增加地方财政科学技术支出比例。⑤政府层面,调整各地政府政绩考核指标,加重科技创新等指标权重,提高地方政府对科技投入的重视程度;通过各地政府财政补贴、项目扶持等方式,降低创新企业经营成本和风险,增大创新企业规模。⑥企业层面,企业和科研机构入驻良好的开放地区,通过知识外溢带动地区科技创新,促进科技投入;通过京津冀政产学研的深度融合,与政府合力打造科研成果转化平台,加快科技成果转化步伐;通过引进具有高技术含量的外商投资,进行二次创新,不断增强高技术产业技术创新产出能力。

参考文献

[1] CHEN C. Searching for intellectual turning points: Progressive knowledge domain visualization [J]. Proceedings of the National Academy of Sciences of the United States of America, 2004, 101: 5303-5310.

[2] 孙新宇,姜华. 国内外高等教育研究主题之比较分析[J]. 教育学术月刊,2014(1): 19-24.

[3] 曹晶,张沛黎,周亚丽. 基于 CiteSpace Ⅲ 的国外中亚研究分析[J]. 农业图书情报学刊,2018,30(9):19-26.

[4] 陈绍辉,王岩. 中国社会思潮研究的科学知识图谱分析——基于 CiteSpace 和 Vos-

viewer 的综合应用[J].上海交通大学学报(哲学社会科学版),2018,26(6):22-30.

[5] 白静.新中国70年科技方针历史变迁[J].中国科技产业,2019(10):7-8.

[6] CHEN C, Ibekwe-Sanjuan F, Hou J. The Structure and Dynamics of Cocitation Clusters: A Multiple-Perspective Cocitation Analysis [J]. Journal of the American Society for Information Science and Technology, 2010, 61(7): 1386-1409.

[7] 彭英,黄印,闫家梁.我国创新网络的知识图谱可视化研究——基于 CNKI 数据库 1990—2018 年数据的科学计量分析[J].电子商务,2019(6):62-65.

[8] CHEN C, Song M. Visualizing a field of research: A methodology of systematic scientometric reviews [J]. Plos One, 2019, 14(10).

[9] 钟海燕,冷玉婷.基于知识图谱的成渝地区双城经济圈研究综述[J].重庆大学学报(社会科学版),2020,26(4):13-26.

[10] 曹希敬,袁志彬.新中国成立70年来重要科技政策盘点[J].科技导报,2019,37(18):20-30.

[11] 周静,王立杰,石晓军.我国不同地区高校科技创新的制度效率与规模效率研究[J].研究与发展管理,2005(1):109-117.

[12] 尤瑞玲,陈秋玲.我国沿海地区科技创新效率的省域差异研究[J].技术经济与管理研究,2017(5):119-123.

[13] 李嘉怡,田洪红,欧瑞秋.广东省地级市科技创新能力的 DEA 分析[J].统计与管理,2020,35(12):37-44.

[14] 许志峰.论科技创新中的灵感思维[J].科学技术与辩证法,1998(3):14-19,24.

[15] 徐庆贵.关于科技创新、产业结构升级与经济增长的研究[J].产业科技创新,2019,1(32):120-122.

[16] 陈友云,刘忠松.新的农业技术革命之管见[J].湖南农业大学学报(自然科学版),1998,24(2):163-167.

[17] 杜德斌.全球科技创新中心:世界趋势与中国的实践[J].科学,2018,70(6):15-18,69.

[18] 刘则渊,陈悦,侯海燕,等.科学知识图谱:方法与应用[M].北京:人民出版社,2008.

[19] 王晓鸿,范志雄.基于科学知识图谱分析的我国科技创新发展脉络研究[J].科技与经济,2020,33(2):16-20.

[20] 文先明,王策,熊鹰,等.湖南省新型城镇化与金融支持的耦合协调发展[J].经济地理,2019,39(7):96-105.

第 6 章
京津冀经济协同发展水平动态评价研究

中国经济发展研究一直是党和国家关注的重中之重。自改革开放以来,中国经济经历了近40年的高速增长时期,与此同时也取得了举世瞩目的增长奇迹,一跃成为世界第二大经济体和亚洲第一大经济体。党的十九大报告明确指出"我国经济已由高速增长阶段转向高质量发展阶段"。经济增速放缓,高速增长已不是现阶段我国经济追求的唯一目标,转变发展方式、优化经济结构、转换增长动力、建设现代化经济体系是我国现阶段经济发展的战略目标。十九届六中全会指出,中国经济现在面临着"三期叠加"的态势:第一是经济增长速度换挡期;第二是经济结构调整阵痛期;第三是前期刺激政策消化期。以加快中国经济高质量发展为契机,深入开展中国经济发展研究,成为中国政府管理部门和学术界的研究热点。京津冀地区以占全国2.3%的土地面积,承载了全国8%的人口,创造了全国近11%的经济总量,是推动我国国民经济和社会发展的重要引擎。《京津冀协同发展规划纲要》《"十三五"时期京津冀国民经济和社会发展规划》等政策文件的出台实施,对于京津冀经济协同发展评价体系的设计具有重要的实践指导意义。《"十三五"时期京津冀国民经济和社会发展规划》明确制定了创新发展、转型升级、绿色发展等9个方面的重点发展任务。这些政策制度为加快推进京津冀经济协同发展、缩小京津冀经济发展差距提供了重要政策支撑。在京津冀协同发展战略实施背景下,构建一套较为完善的京津冀经济协同发展评价体系,有利于为京津冀经济协同发展实践提供理论指导和决策支撑。

6.1 文献综述

6.1.1 文献特征分析

为了系统分析、把握学界对中国经济发展研究的研究状况和进展情况,基于CNKI数据库,选取1998—2020年的CSSCI来源期刊(含扩展版)为研究样本。在高级检索中按照①篇名="经济发展"并含"经济高质量发展";②篇名="中国"或含"我国"检索相关文献,最终得到2 775篇文献。

6.1.1.1 发文量统计

年度发文数量是衡量中国经济发展研究热度与发展趋势的重要指标。1998—2020年,中国经济发展研究CNKI的CSSCI期刊发文量总体呈波动上升态势(见图6.1)。

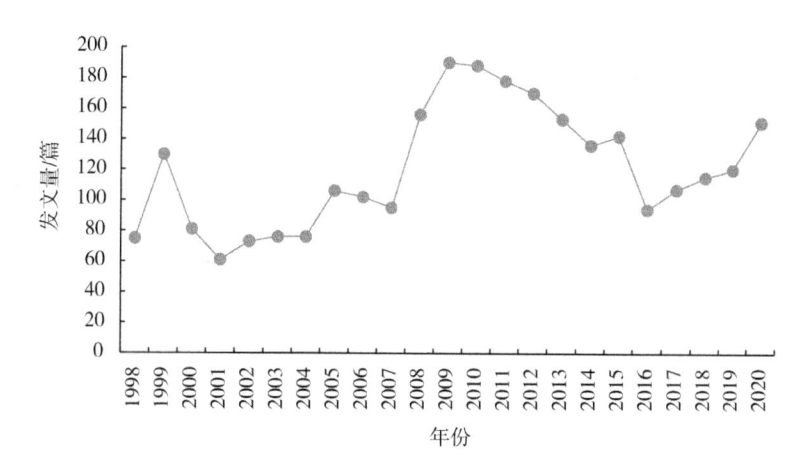

图6.1 中国经济发展研究CNKI的CSSCI期刊发文量

根据图6.1可知,中国经济发展研究CNKI的CSSCI期刊发文量主要经历了"波动上升—下降—持续上升"3个阶段:①波动上升阶段(1998—2009年),年均发文量达到101篇以上;②下降阶段(2009—2016年),年均发文量达到156篇以上;③持续上升阶段(2016—2020年),年均发文量达到118篇以上。其中,2017年,党的十九大报告提出"我国经济已由高速增长阶段转向高质量发展阶段",高质量发展成为经济社会发展各个领域的研究热点。因此,自 2017 年开始,发文量再次逐年上升。图 6.1 显示,有关中国经济发展的研究一直受到学术界的高度关注,根据对当前文献数量的变化趋势预判,未来该领域的发文量还将持续增加。

6.1.1.2 机构合作分布

高校和研究机构合作分布反映了高校和研究机构在该领域的研究实力。运用 CiteSpace 可视化分析软件,得到排序前十的高校和研究机构发文量(见表 6.1)、高校和研究机构合作图谱(见图 6.2)。

表 6.1　1998—2020 年排序前十的高校和研究机构发文量　　单位:篇

序号	单位名称	发文量	序号	单位名称	发文量
1	中国社会科学院	119	6	武汉大学	56
2	中国人民大学	70	7	北京大学	50
3	南开大学	61	8	复旦大学	43
4	吉林大学	61	9	南京大学	42
5	西北大学	58	10	中南财经政法大学	38

从表 6.1 中排序前十的高校和研究机构发文量看,目前中国社会科学院的发文量排第一,其发文量占比约 4%。中国人民大学发文量排第二,其发文量占比约 3%。

图 6.2　1998—2020 年中国经济发展研究的机构合作图谱

图 6.2 中,字体的大小与高校和研究机构发文量呈正相关关系,连线体现了不同高校和研究机构之间的合作关系。连线越粗则合作越紧密,无连线则说明没有合作关系。根据图 6.2 可知,中国社会科学院成为该领域研究最核心的代表性高校与研究机构。同时,中国人民大学、武汉大学、西北大学、南京大学、西安交通大学、吉林大学等成为次核心的代表性高校与研究机构。此外,该领域研究已形成了多个合作较紧密的高校和研究机构团体,如中国科学院地理科学与资源研究所-南京师范大学地理科学学院、北京大学经济学院-中南大学商学院、中国社会科学院-中国人民大学-南京大学经济学院、中国社会科学院-西北大学经济管理学院-中央财经大学经济学院、中国社会科学院-重庆大学经济与工商管理学院-浙江工商大学经济学院等,其中以中国社会科学院为中心的团队规模最大。

6.1.1.3　作者合作特征

作者是科学研究的主体、科研项目的直接参与者,也是科学研究的推动者,一般可以用发文量来衡量作者的科研能力和学术影响力。实践表明,高产出作者对科学研究起到举足轻重的作用。作者合作直接反映了我国经济发展领域研究成果和学术共享情况,有利于提高作者们在该领域研究成果的质量和学术影响力[1]。运用 CiteSpace 可视化分析软件,得到 1998—2020 年该领域研究的作者合作知识图谱(见图 6.3)。图 6.3 中,每个节点代表相应的作者,每条连线代表作者之间的合作关系,连线越粗则作者合作越紧密。

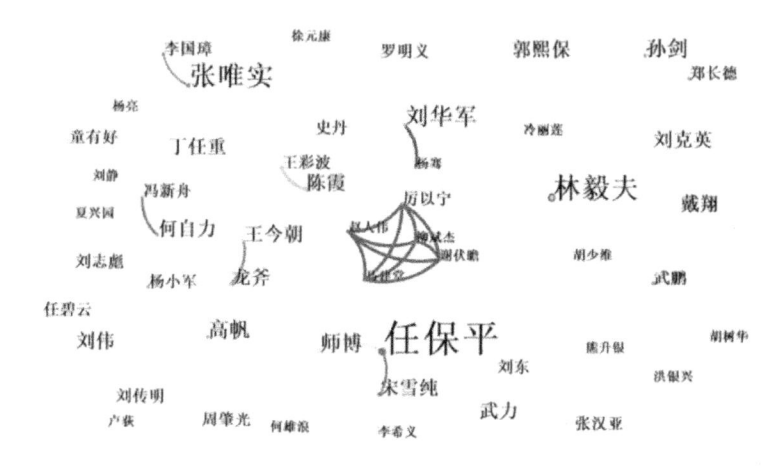

图 6.3　1998—2020 年中国经济发展研究的作者合作知识图谱

根据图6.3可知,该领域研究的作者合作较密切,以2个作者合作的学术团体居多,如李国璋-张唯实、王彩波-陈霞、何自力-冯新舟、龙斧-王今朝、刘华军-杨骞。同时,涉及3个及以上作者合作的学术团队,如任保平-师博-宋雪纯、厉以宁-赵大伟-柳斌杰-谢伏瞻-马建堂。

依据图6.3,借鉴美国著名科学计量学专家普莱斯对高产学者的界定公式[2],对该领域研究的核心作者进行筛选,即

$$m = 0.749 \sqrt{n_{\max}} \qquad (6.1)$$

式(6.1)中,m为筛选标准,即核心作者发文量的下限值;$n_{\max}$为最高产学者的发文量。

根据式(6.1),选取该领域发文量最多的作者任保平发表的文献数26作为参照值,即$n_{\max}=26$,确定核心作者群。经计算得到$m=3.82$,表明发文量达到4篇以上即为核心作者。通过文献梳理,该领域研究的核心作者如表6.2所示。

表6.2 中国经济发展研究的CSSCI期刊核心作者

发文频次	核心作者
6篇以上	任保平(26篇)、林毅夫(10篇)、张唯实(9篇)、刘华军(6篇)
5篇	孙剑、高帆、师博
4篇	刘伟、戴翔、宋雪纯、龙斧、郭熙保、何自力、陈霞、刘克英、丁任重、王今朝、武力

根据普莱斯定律[2],研究领域核心作者的发文量应占总发文量的50%。表6.2中核心作者虽代表了该领域的中坚力量,但其发文量占本研究领域CSSCI期刊文献总量的4%。因此,该领域亟须加快形成稳定的核心作者群体。

6.1.2 经济发展研究热点分析

6.1.2.1 热点关键词分析

(1) 关键词共现分析

关键词作为学术论文的重要组成部分和精髓,是学者对论文核心研究内容的精炼,代表文献的核心议题和研究领域,文献中高频次出现的关键词

可视为该领域的研究热点[3]。通过对1998—2020年该领域研究的CSSCI期刊文献进行关键词共现分析,得到关键词共现网络图谱(见图6.4)、频次和中心性前二十的关键词(见表6.3)。

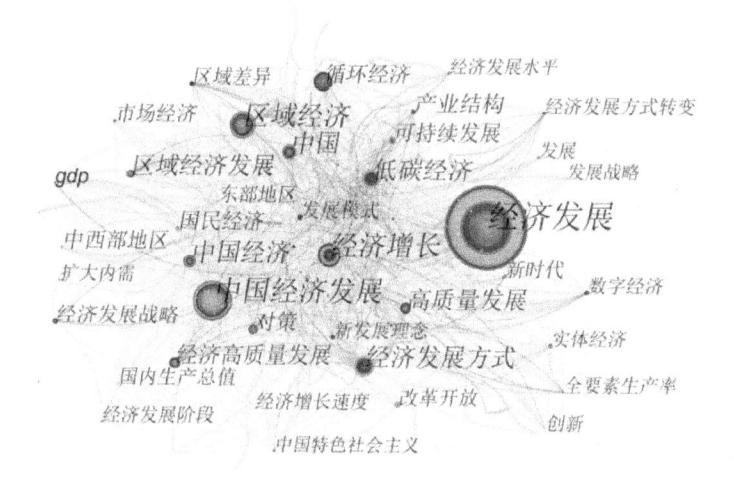

图6.4 1998—2020年中国经济发展研究的关键词共现网络图谱

表6.3 频次和中心性前二十的关键词

排序	频次	中心性	关键词	排序	中心性	频次	关键词
1	404	0.49	经济发展	1	0.49	404	经济发展
2	176	0.24	中国经济发展	2	0.24	176	中国经济发展
3	113	0.12	区域经济	3	0.14	100	经济增长
4	100	0.14	经济增长	4	0.13	78	中国
5	86	0.09	低碳经济	5	0.12	113	区域经济
6	81	0.06	经济发展方式	6	0.09	86	低碳经济
7	78	0.13	中国	7	0.06	65	中国经济
8	71	0.03	循环经济	8	0.06	81	经济发展方式
9	69	0.06	高质量发展	9	0.06	69	高质量发展
10	65	0.09	中国经济	10	0.06	46	区域经济发展
11	46	0.06	区域经济发展	11	0.05	17	中西部地区

续表

排序	频次	中心性	关键词	排序	中心性	频次	关键词
12	44	0.04	经济高质量发展	12	0.04	44	经济高质量发展
13	40	0.03	对策	13	0.04	33	可持续发展
14	35	0.02	发展模式	14	0.04	32	产业结构
15	33	0.04	可持续发展	15	0.04	12	东部地区
16	32	0.04	产业结构	16	0.03	71	循环经济
17	29	0.03	经济发展战略	17	0.03	40	对策
18	28	0.03	市场经济	18	0.03	29	经济发展战略
19	26	0.02	新常态	19	0.03	28	市场经济
20	26	0	民营经济	20	0.03	21	实体经济

针对图6.4的关键词共现网络图谱，关键词之间的连线代表两个关键词出现在同一篇文献中，连线越粗则共现频次越高。年轮的厚度与关键词词频成正比，节点越大、关键词字体越大，则该关键词总体频次越高[3]。表6.3中，关键词的中心性主要用于测度节点在关键词共现网络图谱中的重要性。通常，关键词的中心性数值大于等于0.1，说明该关键词具有高中心性，在关键词共现网络图谱中具有重要影响力。关键词的出现频次与其中心性并不存在必然的相关，即高频关键词并不一定是高中心性关键词，而出现频次与中心性数值均高的关键词在关键词共现网络图谱中的作用更为关键。

综上，根据图6.4和表6.3可知，首先，按照年轮的厚度，节点"经济发展"在关键词共现网络图谱中频次最高，中心性最大，与其他关键词连接线最为密集。其次，"中国经济发展""经济增长""区域经济""低碳经济""中国""高质量发展""经济高质量发展"等词同时具有高频次和高中心性，凸显了1998—2020年该领域的核心研究主题。同时，依据表6.3，以关键词词频频数为X轴，中心性为Y轴，形成关键词战略图（见图6.5），更为直观地判断该领域研究热点与趋势。考虑到关键词"经济发展"的频次与中心性均较高，可能影响关键词战略图的分布，因此不显示在图6.5中。

图6.5中，第一象限为主流区域，主要以"中国经济发展""区域经济""经

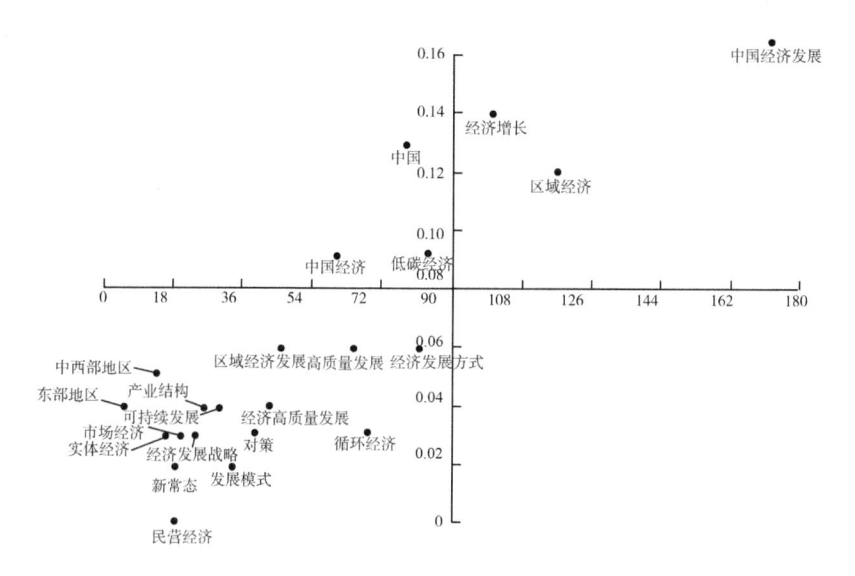

图 6.5　1998—2020 年中国经济发展研究的关键词战略图

济增长"3 个具有高频词和高中心性的关键词组成,表明该领域研究这 3 个关键词代表的研究主题成果丰硕且与其他主题存在较高关联性,是当前研究的热门及重要话题。

第二象限为潜力区域,以"中国""中国经济""低碳经济"这 3 个具有低频次和高中心性的关键词为主,表明该领域研究的这些关键词在研究网络中处于较核心地位,是该领域具有研究潜力的重要话题。

第三象限为新兴区域,分布较为密集,表明该领域中以"经济发展方式""高质量发展""区域经济发展""经济高质量发展""循环经济""新常态"等关键词为代表的研究主题将发展为新兴研究热点。这充分说明该领域研究不断迸发新的研究热点,中国已进入经济高质量发展阶段,具体表现为转变经济发展方式、优化经济结构、探索新的经济发展战略等。

(2) 关键词突变分布

突变词主要是以关键词为基础,在某个时间跨度所发表的文献中专业术语的突显也反映出该时段的研究热点,主要表现在突变词的年代分布和突变强度两个方面[4]。在图 6.4 的基础上,得到 1998—2020 年中国经济发展研究的前二十个关键词突变分布得到突变词(见表 6.4)。表 6.4 中,Year 表示该数据首次出现的时间,Strength 表示的是突变强度,强度越高代表短时间内该关键词出现的频次越多。Begin 代表的是该关键词成为热点前沿的时间,End 表示该关键词热点前沿结束的时间,粗线表示突现词突现持续的时间。

表6.4 1998—2020年中国经济发展研究的前二十个关键词突变分布

Keywords	Year	Strength	Begin	End	1998—2020
中国经济发展	1998	35.72	1998	2002	
知识经济	1998	9.82	1998	2002	
中西部地区	1998	7.19	1998	2004	
经济增长速度	1998	6.41	1999	2001	
发展战略	1998	5.8	2001	2006	
对策	1998	11.18	2002	2009	
循环经济	1998	12.96	2004	2010	
区域经济	1998	6.07	2005	2008	
经济发展方式	1998	18.25	2009	2015	
金融危机	1998	8.66	2009	2010	
经济发展模式	1998	6.21	2009	2013	
低碳经济	1998	28.05	2010	2015	
经济发展方式转变	1998	7.43	2011	2013	
实体经济	1998	6.95	2013	2020	
新常态	1998	14.02	2014	2017	
创新驱动	1998	6.35	2015	2020	
数字经济	1998	10.61	2017	2020	
新时代	1998	8.58	2017	2020	
经济高质量发展	1998	23.94	2018	2020	
新发展理念	1998	7.54	2018	2020	

根据表6.4可知,1998—2009年,中国经济发展、知识经济、经济增长速度、区域经济、发展战略等成为中国经济发展研究的主要突现词,中西部地区成为该时期重点关注的地区。2010—2016年,经济发展方式、经济发展模式、低碳经济、实体经济、新常态等成为中国经济发展的主要突现词。随着

时间的不断推移,研究热点也随之变化,党的十九大提出我国经济已由高速增长阶段转向高质量发展阶段,2017—2020年,经济高质量发展、新时代、新发展理念等成为突现词和研究热点。

6.1.2.2 研究热点主题分析

CiteSpace在聚类标签的提取上提供了四种标签提取算法:LSI(潜语义索引)、TF-IDF加权算法(系统默认的自动标签词提取算法)、LLR(对数似然比检验)、MI(互信息算法)[23]。综合来看,使用LLR算法进行的聚类所提取的标签更加符合实际情况且重复情况少[5]。为此,使用对数似然法(LLR)对高频关键词进行聚类,得到中国经济发展研究的关键词聚类图谱(见图6.6)。

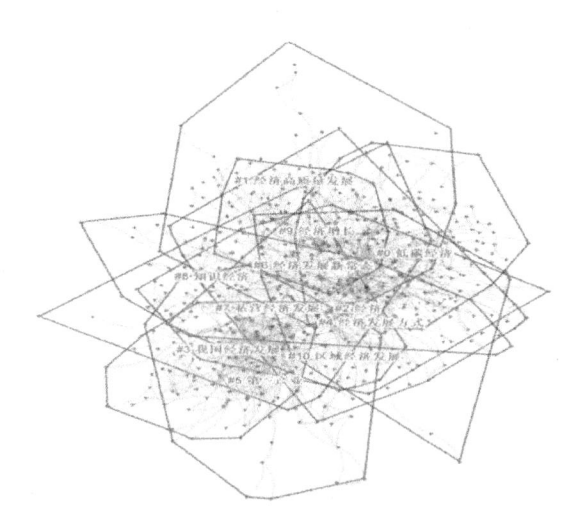

图6.6 1998—2020年中国经济发展研究热点的关键词聚类知识图谱

通常,衡量聚类好坏的指标有两个,分别是Q值和S值,Q值是模块值,表示模块化程度,其大小代表聚类显著性,S值是平均轮廓值,表示模块内部聚类的好坏,其大小代表聚类合理性。一般情况下,$Q>0.3$表示聚类是显著的,$Q>0.7$表示聚类是令人信服的;$S>0.5$表示聚类是合理的,$S>0.7$表示聚类效果是令人信服的[6]。通过对中国经济发展研究的CSSCI期刊文献进行聚类分析,得到模块值Q为0.751,说明聚类结果可信,平均轮廓值S为0.838,说明聚类结果合理。

根据图6.6可知,中国经济发展研究热点的关键词共分为11个聚类,主要包括"♯0低碳经济""♯1经济高质量发展""♯2经济""♯3我国经济发展""♯4经济发展方式""♯5第三产业""♯6经济发展新常态""♯7私营经济发展""♯8知识经济""♯9经济增长""♯10区域经济发展"。其中,数字越小,说明聚类中包含的关键词越多。由图6.6可知,中国经济发展研究的主要内容可分为四个方面:①国家层面的经济发展研究。包含聚类♯2经济、♯3我国经济发展、♯4经济发展方式、♯9经济增长。②区域层面的经济发展研究。包含聚类♯10区域经济发展。③经济高质量发展研究。包含聚类♯0低碳经济、♯1经济高质量发展、♯5第三产业、♯6经济发展新常态。④不同领域的经济发展研究。包含聚类♯7私营经济发展、♯知识经济。

6.1.3 经济发展研究的演化脉络

在得到关键词共现网络图谱与关键词战略图基础上,为进一步揭示不同时期中国经济发展的演化脉络,运用CiteSpace可视化分析软件,得到关键词时区知识图谱(见图6.7)。图6.7中,节点所处的年份表示该关键词首次出现的时间,节点间的连线表示不同关键词同时出现在同一篇文献中。

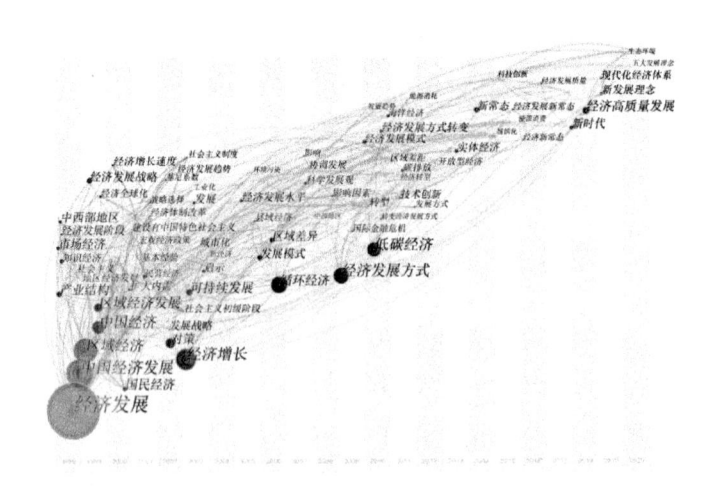

图6.7　1998—2020年中国经济发展研究的关键词时区知识图谱

根据图6.7并结合图6.1可知,1998—2020年,该领域研究主要分为3个演化阶段,具体可表述为:

1998—2009年,此阶段重点凸显经济发展、中国经济发展、区域经济发展、可持续发展、经济增长、循环经济、经济发展战略、知识经济等关键词。探讨的内容主要有国家经济发展与区域经济发展[7-10]、循环经济[11-13]、知识经济[14-16]等相关研究。如李玲[17]指出进入21世纪,中国经济在进入新一轮高速增长周期的同时,遭遇了城乡差距拉大、地区发展不平衡、经济发展和社会发展不协调等一系列制约经济发展的瓶颈因素;张莉[18]对我国区域经济发展战略研究进行了回顾与展望,指出在当前形势下,区域经济问题的解决有赖于对外开放条件下我国城市经济空间组织的深入研究;邓海军[19]认为我国应坚持循环经济的发展理念,在遵循自然生态学规律的基础上,重构经济运行系统;范柏乃等[20]指出知识经济已经成为世界经济发展的新动态,对中国来说既是挑战更是机遇。

2009—2016年,该阶段主要围绕经济发展方式与经济发展模式[21-26]、低碳经济[27-33]、实体经济[34-37]、海洋经济[38-40]等主题展开研究。如任保平等[41]认为目前中国发展面临的约束条件发生了变化,结构失衡出现了新特点,经济发展方式的重点从需求管理向供给管理转变;孙剑[42]指出中国当前的经济发展模式面临着经济增长高度依赖投资和过度依赖外部需求等问题,因此从经济体制、市场主体、资源配置方式、经济增长、产业选择和调控方式等方面对经济发展模式做出了调整;徐承红[43]指出低碳经济是人类经济发展史中必然经历的一个阶段,基于中国面临低碳经济发展中的压力和挑战,提出中国应发展聚集型的低碳经济产业链模式,应用技术创新等手段推动和实现经济发展向低碳经济转型;丁兆庆[44]指出2008年金融危机爆发后,中国的实体经济遭受较大冲击,面临巨大困境,因此必须实施更加有利于实体经济发展的政策措施以推进实体经济发展;董杨[45]针对海洋经济对我国沿海地区经济发展的带动效应进行了评价研究,并在此基础上针对海洋经济在沿海地区经济发展中存在的问题提出中国发展海洋经济的相关对策。

2016—2020年,该阶段研究内容紧跟时代主题,主要围绕经济高质量发展研究主题展开。中国特色社会主义进入了新时代,在经济方面,就是"由高速增长阶段转向高质量发展阶段"。所谓高质量发展,就是按照"创新、绿色、协调、开放、共享"五大发展理念,能够很好满足人民日益增长的美好生活需要,生产要素投入少、资源配置效率高、资源环境成本低、经济社会效益好的可持续发展。图6.7表明,该阶段出现的代表性的关键词有经济发展新常态、经济发展质量、新时代、五大发展理念、生态环境等。如郑耀群等[46-49]学者从不同维度构建了中国经济高质量发展水平的综合测度指标体系,对中国经济的高质量发展水平进行了测度;任保平等[50]指出了以新发展理念引领中国经济高质量发展的难点及实现路径,建议在推动我国经济高质量发展时进一步激发创新发展活力,加强协调发展的整体性,推进绿色发展制度体系建设,形成高水平对外开放的新格局,增强公共服务供给能力;周明星[51]指出五大发展理念与中国梦高度关联,五大发展理念为中国梦提供理念指导,中国梦是五大发展理念的使命应然,二者相互推进;杨永芳等[52]认为生态环境保护与区域经济高质量发展是我国全面建成小康社会和社会主义现代化强国的重要任务,对推进环境的高水平保护和经济高质量发展具有重要的现实意义。

根据关键词共现图、关键词战略图及关键词突变分布可知,"中国经济发展""区域经济""经济增长"等关键词在中国经济发展研究的共现网络中具有重要地位及影响力。"中国经济""低碳经济""中国"等关键词处于较核心地位。以"高质量发展""经济高质量发展""区域经济发展""循环经济""发展模式""实体经济"等关键词为代表的研究主题成为新兴研究热点。从关键词聚类图谱可知,中国经济发展研究的主要内容集中在四个方面:国家层面的经济发展研究、区域层面的经济发展研究、经济高质量发展研究和不同领域的经济发展研究。

6.2　京津冀经济发展水平动态对比

6.2.1　评价指标筛选

参照《京津冀协同发展规划》《"十三五"时期京津冀国民经济和社会发展规划》等政策文件,明确京津冀经济发展的"政策导向性"指标。同时,参照以"京津冀""经济发展"为主题的核心期刊文献,采用文献梳理法,确定京津冀经济发展的"文献参考性"指标。结合"政策导向性"指标和"文献参考性"两大类指标,获得京津冀经济发展评价指标,见表6.5。

表 6.5 京津冀经济发展评价指标

指标		单位	指标权重
一级指标	二级指标		
经济规模	GDP 增速	%	0.199
	社会消费品零售总额	亿元	0.27
	工业增加值	亿元	0.265
经济结构	第三产业产值占 GDP 比重	%	0.107
经济质量	全员劳动生产率	元/人	0.16

表 6.5 中,采用变异系数法,确定经济发展评价指标的权重,可用公式表示为

$$\begin{cases} w_i = \dfrac{V_i}{\sum\limits_{i=1}^{m} V_i} \\ V_i = \dfrac{\sigma_i}{\dfrac{1}{n}\sum\limits_{i=1}^{n} x_i} \end{cases} \quad (6.1)$$

式(6.1)中,w_i 为第 i 个指标的权重;V_i 为第 i 个指标的变异系数;$\sum\limits_{i=1}^{m} V_i$ 为各指标的变异系数和;σ_i 为第 i 个指标的标准差;$\dfrac{1}{n}\sum\limits_{i=1}^{n} x_i$ 为第 i 个指标的均值。

6.2.2 经济发展水平动态对比

依据设计的京津冀经济发展评价指标,采用加权法,评价京津冀经济发展水平,可用公式表示为

$$W_j(t) = \sum_{i=1}^{m} [w_i \cdot x_{ji}(t)]$$

$$\mathop{x_{ji}(t)}_{k=1\sim 4} = \begin{cases} \dfrac{a_{ji}(t) - \min a_{ji}(t)}{\max a_{ji}(t) - \min a_{ji}(t)} & a_{ji} \text{ 为效益型指标} \\ \dfrac{\max a_{ji}(t) - a_{ji}(t)}{\max a_{ji}(t) - \min a_{ji}(t)} & a_{ji} \text{ 为成本型指标} \end{cases} \quad (6.2)$$

式(6.2)中，$W_j(t)$ 为第 t 时期第 j 地区的经济发展水平，其中 $j=1$、$j=2$、$j=3$、$j=4$ 分别代表北京、天津、河北、京津冀整体；$x_{ji}(t)$ 为第 t 时期第 j 地区的第 i 个指标经无量纲化后的指标值；$a_{ji}(t)$ 为第 t 时期第 j 地区的第 i 个指标值；$\max a_{ji}(t)$、$\min a_{ji}(t)$ 分别为第 t 时期第 j 地区第 i 个指标的最优值、最劣值。

根据式(6.2)，以 2009 年为基准年，确定 2010—2018 年京津冀经济发展水平，见表 6.6。

表 6.6 京津冀经济发展水平

年份	北京	天津	河北	京津冀
2010	0.329	0.337	0.316	0.327
2011	0.415	0.493	0.502	0.482
2012	0.379	0.533	0.456	0.453
2013	0.487	0.629	0.522	0.537
2014	0.488	0.671	0.537	0.560
2015	0.565	0.697	0.541	0.585
2016	0.746	0.795	0.711	0.742
2017	0.766	0.790	0.791	0.786
2018	0.804	0.768	0.741	0.765

由表 6.6 可知：2010—2018 年，京津冀地区经济发展水平总体均呈递增趋势；京津冀地区经济发展水平变化呈多时态性。

①2010—2016 年，京津冀地区经济发展水平总体呈现天津(0.795)＞北京(0.746)＞河北(0.711)的变化规律。这是由于天津经济发展势头强劲，在经济发展规模、结构和质量方面逐渐凸显优势。此时，天津社会消费品零售总额由 2010 年的 2 860.2 亿元增至 2016 年的 5 635.8 亿元，年均增长 462.6 亿元，年均增长率高达 16%；工业增加值由 2010 年的 4 410.85 亿元增至 2016 年的 6 805.13 亿元，年均增长 399 亿元，年均增长率高达 9%；第三产业产值占 GDP 比重由 2010 年的 45.7%增至 2016 年的 56.6%；全员劳动生产率由 2010 年的 132 929 元/人增至 2016 年的 198 285 元/人，年均增长 10 893 元/人、年均增长率高达 8%。

②2017年,京津冀地区经济发展水平呈现河北(0.791)＞天津(0.790)＞北京(0.766)的规律。这是由于河北受京津冀经济一体化的推动作用,经济发展速度迅猛。此时,河北社会消费品零售总额同比增长11%;工业增加值同比增长3%;第三产业产值占GDP比重同比增长5%;全员劳动生产率同比增长8%。

③2018年,京津冀地区经济发展水平呈现北京(0.804)＞天津(0.768)＞河北(0.741)的规律。这是由于在京津冀协同发展战略背景下,北京经济发展结构和经济发展质量逐步优化,经济发展水平同比增长5%。此时,北京GDP增速达到8.2%;北京社会消费品零售总额达到11 747.7亿元,分别是天津(5 533亿元)和河北(16 537.1)的2.1倍、0.7倍;北京工业增加值达到4 464.6亿元,分别是天津(6 962.71亿元)和河北(11 503亿元)的0.6、0.4;第三产业产值占GDP比重达到81%,高于天津(58.6%)和河北(46.2%);全员劳动生产率达到244 067元/人,分别是天津(210 001元/人)和河北(85 602元/人)的1.2倍、2.9倍。综上,北京、河北经济发展呈持续向好态势且经济发展结果均较好,天津前期经济发展势头强劲,发展过程较好。

6.3 京津冀经济协同发展水平评价

依据设计的京津冀经济发展评价指标,采用相对发展度法和耦合协调度模型,评价京津冀经济相对发展水平与经济协同发展水平,可用公式表示为

$$\begin{cases} E_{jj'}(t) = \dfrac{W_j(t)}{W_{j'}(t)} \\ D(t) = \sqrt{C(t) \cdot P(t)} \\ C(t) = \left[\dfrac{\prod_{j=1}^{4} W_j(t)}{P(t)^j} \right]^{\frac{1}{j}} \\ P(t) = \dfrac{1}{j} \sum_{j=1}^{4} W_j(t) \end{cases} \quad (6.3)$$

式(6.3)中,$E_{jj'}(t)$为第t时期第j地区与第j'地区经济相对发展水平;$W_j(t)$、$W_{j'}(t)$分别为第t时期第j地区与第j'地区的经济发展水平;$D(t)$

为第 t 时期京津冀经济协同发展水平; $C(t)$ 为第 t 时期京津冀之间经济发展水平的耦合指数,衡量京津冀之间经济发展水平的耦合关联程度; $P(t)$ 为第 t 时期京津冀之间经济发展水平的协调指数,衡量京津冀之间经济发展水平的协同程度。

根据式(6.3),确定京津冀经济相对发展水平与经济协同发展水平,见表6.7。

表6.7 京津冀经济相对发展水平与经济协同发展水平

年份	北京-天津 D	等级	E	阶段	北京-河北 D	等级	E	阶段	天津-河北 D	等级	E	阶段	京津冀 D	等级
2010	0.58	勉强协同	0.98	同步	0.57	勉强协同	1.04	同步	0.57	勉强协同	1.07	同步	0.57	勉强协同
2011	0.67	初级协同	0.84	同步	0.68	初级协同	0.83	同步	0.71	中级协同	0.98	同步	0.68	初级协同
2012	0.67	初级协同	0.71	滞后	0.64	初级协同	0.83	同步	0.70	初级协同	1.17	同步	0.67	初级协同
2013	0.74	中级协同	0.77	滞后	0.71	中级协同	0.93	同步	0.76	中级协同	1.21	超前	0.74	中级协同
2014	0.76	中级协同	0.73	滞后	0.72	中级协同	0.91	同步	0.77	中级协同	1.25	超前	0.75	中级协同
2015	0.79	中级协同	0.81	同步	0.74	中级协同	1.05	同步	0.78	中级协同	1.29	同步	0.77	中级协同
2016	0.88	良好协同	0.94	同步	0.85	良好协同	1.05	同步	0.87	良好协同	1.12	同步	0.87	良好协同
2017	0.88	良好协同	0.97	同步	0.88	良好协同	0.97	同步	0.89	良好协同	1.00	同步	0.88	良好协同
2018	0.89	良好协同	1.05	同步	0.88	优质协同	1.09	同步	0.87	良好协同	1.04	同步	0.88	良好协同

注:等级划分借鉴文光明等[53]的研究得到。

研究表明,①从经济协同发展水平来看,京津冀经济协同发展水平呈递增趋势,协同发展水平由0.57上升至0.88,协同等级由"勉强协同"向"良好协同"过渡。2010—2018年,北京-天津经济协同发展水平由0.58上升至0.89、北京-河北由0.57上升至0.88、天津-河北由0.57上升至0.87,北京-天津经济协同发展水平总体优于北京-河北、天津-河北。②从经济相对发展水平来看,北京-天津、北京-河北和天津-河北的经济相对发展水平基本处于"同步"阶段。综合来看,北京、天津和河北三地之间经济发展水平相对趋近,相对发展较均衡,区域经济一体化成效显著,促进了京津冀经济协同发展。

6.4 结论与建议

2010—2018年,京津冀经济发展水平显著。其中,北京和河北呈持续向好的态势且发展结果均较好；天津经济发展势头强劲，经济发展速度较快，后期经济发展水平略有下降。北京、天津和河北三地之间经济发展水平趋近，区域经济一体化成效显著。但针对经济规模，北京、天津和河北存在着GDP增速总体下降的问题；同时，针对经济结构，北京、天津和河北存在着第三产业产值占GDP比重提升较慢的问题。

为此，京津冀亟须加快经济结构转型升级，促进经济发展质量提升。具体对策包括：第一、体制方面，要加快推进经济、科技体制改革，促进高技术含量、高附加值产业的发展。第二、政企层面，打造津冀非首都功能承接平台，用来疏解非首都功能产业，并扶持发展符合首都功能定位的高端产业；加快产业融合，以供给侧结构性改革为导向，推进制造业与服务业的深度融合。

参考文献

［1］吴敬静,潘红玉,贺正楚.中国消费升级研究的发展脉络与演进趋势［J］.消费经济，2021，37(5)：89-96.

［2］丁学东.文献计量学基础［M］.北京：北京大学出版社，1993.

［3］卢新元,张恒,王馨悦,等.基于科学计量学的国内企业知识转移研究热点和前沿分析［J］.情报科学，2019，37(3)：169-176.

［4］陈绍辉,王岩.中国社会思潮研究的科学知识图谱分析——基于CiteSpace和Vosviewer的综合应用［J］.上海交通大学学报(哲学社会科学版)，2018，26(6)：22-30.

［5］CHEN C，IBEKWE-SANJUAN F，HOU J. The Structure and Dynamics of cocitation Clusters：A Multiple-Perspective Co-Citation Analysis［J］. Journal of the American Society for Information Science and Technology，2010，61(7)：1386-1409.

［6］李杰,陈超美.CiteSpace：科技文本挖掘及可视化［M］.2版.北京：首都经济贸易大学出版社，2017.

［7］张泽荣,李晓林.我国区域经济发展现状与财政政策对策［J］.经济与管理研究，2004(4)：44-48.

［8］豆建民.区域经济理论与我国的区域经济发展战略［J］.外国经济与管理，2003(2)：2-6,29.

［9］程保平.中国区域经济发展三大战略比较研究［J］.经济评论，2001(6)：91-95.

[10] 章奇. 中国地区经济发展差距分析[J]. 管理世界,2001(1):105-110.

[11] 李志刚,李斌. 中国经济发展模式的必然选择——循环经济[J]. 生态经济,2003(5):28-31.

[12] 孙育红. 我国循环经济发展起步阶段:问题与对策分析[J]. 当代经济研究,2004(11):42-44.

[13] 赖文燕. 循环经济是我国经济发展的必然选择[J]. 生产力研究,2009(7):9-11.

[14] 贾明德. 知识经济与中国当代经济发展[J]. 管理世界,2000(5):30-35.

[15] 吴殿廷,李雁梅,武聪颖,等. 我国各地区知识经济发展的初步研究[J]. 经济地理,2002(4):420-424,429.

[16] 王光明. 知识经济与我国经济发展[J]. 商业经济与管理,1999(2):10-14.

[17] 李玲. 制约中国经济发展的瓶颈因素及对策建议[J]. 统计与决策,2005(18):107-109.

[18] 张莉. 我国区域经济发展战略研究的回顾与展望[J]. 地理学与国土研究,1999(4):1-7.

[19] 邓海军. 构建我国循环经济发展模式的研究[J]. 四川师范大学学报(社会科学版),2005(5):40-44.

[20] 范柏乃,江蕾. 知识经济:世界经济发展的新动态和中国的战略对策[J]. 科学·经济·社会,1999(1):37-43.

[21] 张福军. 加快转变经济发展方式与维护我国产业安全[J]. 甘肃社会科学,2015(3):206-210.

[22] 丁如曦,赵曦. 中国西部民族地区经济发展方式的主要缺陷与新时期战略转型[J]. 云南民族大学学报(哲学社会科学版),2015,32(3):93-98.

[23] 吴振磊,李想. 大数据时代我国新常态经济发展方式转型[J]. 人文杂志,2015(4):41-45.

[24] 周杰文,张清正. 经济发展方式转型与我国区域经济发展的路径选择[J]. 经济问题探索,2013(10):29-33.

[25] 何菊莲,张轲,唐未兵. 我国经济发展方式转变进程测评[J]. 经济学动态,2012(10):17-26.

[26] 陈志刚,郭帅. 中国经济发展方式转变的阶段划分与测度[J]. 中南民族大学学报(人文社会科学版),2016,36(2):89-95.

[27] 蓝庆新,郑学党. 我国低碳经济发展水平的指标体系构建及国际评价——基于G20国家的比较[J]. 北京师范大学学报(社会科学版),2013(2):135-144.

[28] 吴飞美,郗永勤. 我国低碳经济发展存在的问题与对策研究[J]. 福建师范大学学报

（哲学社会科学版），2015(1)：23-28,166-167.

[29] 段梅,陈福生.中国省际低碳经济发展能力测度与评价[J].广东财经大学学报,2015,30(1)：23-32.

[30] 王竞梅,赵儒煜,张清正.中国低碳经济发展的评价分析与路径选择——以省域为视角[J].当代经济管理,2014,36(10)：54-58.

[31] 郑卫华.我国低碳经济发展的现状及对策[J].山西财经大学学报,2013,35(S2)：12.

[32] 刘蓓华,刘爱东.我国低碳经济发展水平的测度方法研究[J].统计与决策,2013(14)：28-31.

[33] 冯荷英,孙艺嘉,樊舒.我国低碳经济发展模式的探究[J].学术界,2013(S1)：9-11.

[34] 周维富.我国实体经济发展的结构性困境及转型升级对策[J].经济纵横,2018(3)：52-57.

[35] 怀仁,李建伟.我国实体经济发展的困境摆脱及其或然对策[J].改革,2014(2)：12-27.

[36] 陈春雷.我国实体经济发展存在的问题及应对策略[J].学术交流,2013(8)：111-114.

[37] 钱凯.促进我国实体经济发展的观点综述[J].经济研究参考,2012(71)：37-45.

[38] 刘明.中国海洋经济发展潜力分析[J].中国人口·资源与环境,2010,20(6)：151-154.

[39] 俞立平,万崇丹,赵丙奇.中国海洋经济发展的分类、结构与地区差距分析[J].华东经济管理,2012,26(8)：55-58.

[40] 王斌斌,李滨勇.我国海洋经济发展的绩效测度研究[J].财经问题研究,2013(11)：43-47.

[41] 任保平,张弦.中国经济发展方式由需求管理向供给管理的转变[J].学习与探索,2013(5)：104-109.

[42] 孙剑.中国经济发展模式的演进与新模式的构建[J].理论学刊,2010(9)：36-39.

[43] 徐承红.低碳经济与中国经济发展之路[J].管理世界,2010(7)：171-172.

[44] 丁兆庆.加快推进中国实体经济发展研究[J].理论学刊,2013(9)：39-43.

[45] 董杨.海洋经济对我国沿海地区经济发展的带动效应评价研究[J].宏观经济研究,2016(11)：161-166.

[46] 郑耀群,葛星.中国经济高质量发展水平的测度及其空间非均衡分析[J].统计与决策,2020,36(24)：84-88.

[47] 鲁邦克,邢茂源,杨青龙.中国经济高质量发展水平的测度与时空差异分析[J].统计与决策,2019,35(21):113-117.

[48] 朱彬.中国经济高质量发展水平的综合测度[J].统计与决策,2020,36(15):9-13.

[49] 王伟.中国经济高质量发展的测度与评估[J].华东经济管理,2020,34(6):1-9.

[50] 任保平,宋雪纯.以新发展理念引领中国经济高质量发展的难点及实现路径[J].经济纵横,2020(6):45-54,2.

[51] 周明星."五大发展理念"与"中国梦"内在联系探究[J].新疆社会科学,2018(2):16-22.

[52] 杨永芳,王秦.我国生态环境保护与区域经济高质量发展协调性评价[J].工业技术经济,2020,39(11):69-74.

[53] 文先明,王策,熊鹰,等.湖南省新型城镇化与金融支持的耦合协调发展[J].经济地理,2019,39(7):96-105.

第 7 章
京津冀生态保护与经济发展协同治理评价研究

生态保护与经济发展协同治理是可持续发展的重要内容之一。中国在 1989 年颁布的《中华人民共和国环境保护法》中明确规定："国家采取有利于节约和循环利用资源、保护和改善环境、促进人与自然和谐的经济、技术政策和措施，使经济社会发展与环境保护相协调。"生态保护与经济发展协同治理是实现可持续发展的关键，对促进国家经济高质量发展具有重要的现实意义。提高生态保护与经济发展的协同治理水平，是破解中国区域经济高质量发展的难题之一。党的十九届五中全会强调加快发展现代产业体系，推动经济体系优化升级；推动绿色发展，促进人与自然和谐共生。国家"十四五"规划明确提出，加快发展方式绿色转型，协同推进经济高质量发展和生态环境高水平保护。这为推进生态保护与经济发展协同治理、实现经济高质量发展提供了重要的战略支撑。京津冀地区作为国家经济社会发展的重要组成部分，如何有效协同推进京津冀生态保护与经济发展、以生态保护夯实经济可持续发展基础，成为国家和京津冀政府管理部门、学术界关注的热点问题。自京津冀协同发展战略确立以来，《京津冀协同发展规划纲要》《"十三五"时期京津冀国民经济和社会发展规划》《京津冀协同发展生态环境保护规划》《京津冀协同发展水利专项规划》《京津冀能源协同发展行动计划（2017—2020 年）》等政策文件相继出台实施，加速协同推进京津冀生态保护与经济发展。在京津冀协同发展战略实施背景下，深入开展京津冀生态保护与经济发展协同治理评价研究，有利于为提高京津冀生态保护与经济发展的协同治理水平、协同推进京津冀生态保护与经济发展提供重要的理论指导和决策支撑。

7.1 文献综述

收集中国社会科学引文索引(CSSCI)和北大核心数据库的255篇文献,通过可视化分析软件CiteSpace绘制知识图谱,并与相关文献结合起来,研究生态环境与经济协调发展领域当前的研究热点以及未来发展趋势。CiteSpace是在数据挖掘技术和信息可视化背景下发展的可视化软件,它可以将文献之间的关系以科学知识图谱的方式展现出来。CiteSpace软件主要从文献年度发文量、主要作者、主要发文机构、关键词和关键词聚类5个维度出发,生成共现网络、关键词和关键词时区图等知识图谱,直观呈现生态环境与经济协调发展的研究热点和趋势。研究数据来源于中国知网(CNKI)数据平台。文献检索主题选用"生态环境"和"经济"为篇名词,"协调"或"协同"为主题词检索文献。考虑到文献的有效性,选取来源期刊为北大核心、中文社会科学引文索引(CSSCI),共检索到核心期刊文献255篇。将文献以Refworks格式导出,运用CiteSpace对数据进行转化处理,用于绘制知识图谱。

7.1.1 文献计量分析

7.1.1.1 发文时间分布特征

通过研究文献产出数量随着时间变化的波动趋势,可以帮助研究者了解该学科领域的研究进展和受关注程度。1992—2021年CSSCI和北大核心期刊收录的中国生态环境与经济协调发展研究的文献产出量时间分布图如图7.1所示。1992—2003年,该领域研究文献数量较少,年均发文量以个位数呈现波动变化;2004—2013年,随着国家政府部门和学术界对该领域研究的密切关注,文献增长速度明显,2014年达到最高发文量26篇;2014—2021年,低碳环保与绿色发展理念备受关注,该领域研究文献年均发文量保持在20篇左右。

7.1.1.2 发文作者统计分析

通过CiteSpace对检索的文献绘制作者共现网络图谱,可以发现该领域学术交流中贡献和地位影响较高的研究学者,并通过观察研究学者之间连线的颜色深浅和粗细程度了解研究学者之间合作的紧密程度。通过作者共

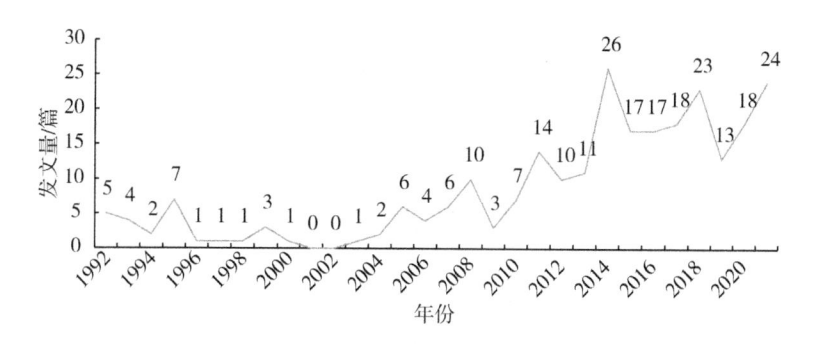

图 7.1　1992—2021 年中国生态环境与经济协调发展研究文献发表趋势

现网络分析,结合普莱斯定律分析该研究领域的核心作者以及作者的合作情况,如图 7.2 所示。

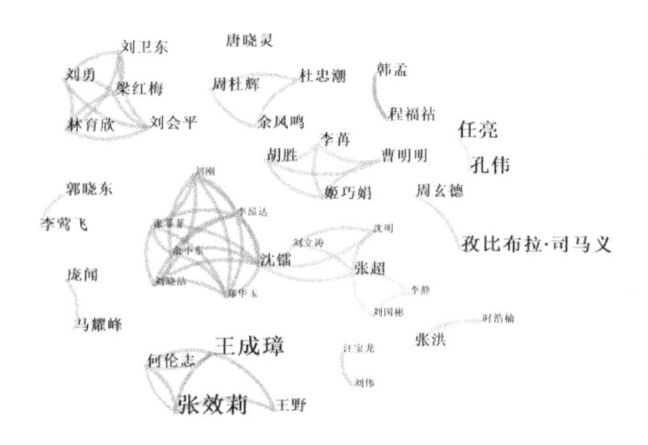

图 7.2　1992—2021 年中国生态环境与经济协调发展研究文献作者合作网络图谱

从图 7.2 的文献作者合作网络图谱来看,生成的节点 $N=386$,表示检索文献的发文作者数量;连线 $E=277$,表示作者之间的合作次数;且作者合作网络密度仅为 0.003 7。从合作关系来看,零散点的学者处于独自研究阶段;部分学者之间开展了 1~2 次的合作;还有一些学者之间已经形成研究的小团体,以王成璋、余凤鸣、刘卫东、李苘、沈镭为核心的研究团体保持较强的合作关系。

依据普莱斯定律 $N=0.749 \cdot (N_{max})^{1/2}$,其中 N_{max} 指最高产作者的发文量,N 为核心作者的最低发文量,计算得出 $N≈1.49$,即发文 2 篇及以上作者为该领域研究的核心作者,共计41人,前十位核心作者如表7.1所示。

表7.1 1992—2021年中国生态环境与经济协调发展研究文献的前十位核心作者

排名/位	作者	文献量/篇	发文年份
1	王成璋	4	2005
2	张效莉	4	2005
3	孜比布拉·司马义	3	2013
4	孔伟	3	2016
5	任亮	3	2016
6	胡胜	2	2014
7	韩孟	2	1999
8	唐晓灵	2	2020
9	余凤鸣	2	2011
10	刘卫东	2	2008

经统计,该领域研究41位核心作者的文献发文量总计87篇,占检索文献总数量的34.11%。当核心作者发文量占比高于50%时,则认定该领域学术交流中形成了学科高产作业群[1]。因此,目前该领域研究仅初步但尚未完全形成高产作者群。通过文献梳理可知,王成璋、张效莉、孜比布拉·司马义、孔伟和任亮等学者发文量均超过3篇,具有较高的学术影响力。其中,韩孟、王成璋和张效莉等学者较早进入该领域,并对该领域研究的理论模型展开研究;余凤鸣、胡胜和孜比布拉·司马义等学者较晚进入该领域,主要开展了陕西省和新疆地区的生态环境与经济协调发展的耦合研究;孔伟、任亮和唐晓灵等学者是近几年发文量较高的学者,主要研究构建京津冀地区生态环境与经济协调发展评价体系。

7.1.1.3 发文机构统计分析

运用CiteSpace绘制该领域研究的主要研究机构知识图谱,观察各研究机构在该领域的文献产出情况,反映研究机构的科研实力,如图7.3所示。结果表明,各研究机构开展独立研究,机构之间未深入展开合作研究,尚未形成较为凝聚的研究力量。

图 7.3　1992—2021 年中国生态环境与经济协调发展研究文献的发文机构图谱

同时,将发文量排名前十的研究机构进行统计分析(见表 7.2),共发文 23 篇,占总发文量的 9%。其中,中国海洋大学管理学院、甘肃农业大学经济管理学院和中国科学院地理科学与资源研究所的发文量较高,走在研究的前列。同时西北大学城市与环境学院与西安市城市规划设计研究院课题所机构存在合作关系。总体来看,虽然高校与研究机构之间开展了一定的合作研究,但整体的合作密度低,开展合作的机构数量较少。未来各高校和研究机构之间需要积极开展学术交流与资源共享,形成凝聚性的研究力量,推动该领域研究的可持续性发展。

表 7.2　1992—2021 年中国生态环境与经济协调发展研究发文量前十的机构

序号	机构	发文量/篇
1	中国海洋大学管理学院	3
2	甘肃农业大学经济管理学院	3
3	中国科学院地理科学与资源研究所	3
4	上海水产大学信息学院	2
5	东北师范大学地理科学学院	2
6	西北大学城市与环境学院	2
7	西南交通大学经济与管理学院	2
8	池州学院资源环境与旅游系	2
9	中南财经政法大学工商管理学院	2
10	武汉大学经济与管理学院	2

7.1.2 研究热点分析

7.1.2.1 关键词共现网络

分析关键词共现网络图谱可帮助了解各概念词之间存在的潜在的联系。运用 CiteSpace 绘制检索文献的关键词共现知识图谱,如图 7.4 所示,共生成 261 个节点、631 条连线,网络密度为 0.018 6。1992—2021 年该领域研究的热点关键词为"协调发展""旅游经济""耦合协调""区域经济""农业经济""协调度""区域差异以及综合评价"等。根据关键词出现的频次大小进行排序,并选取出现频次大于 5 的关键词,如表 7.3 所示。从出现的频次可以看出,生态环境与经济耦合协调度研究、生态环境影响下旅游经济与农业经济的发展研究、协调发展的综合评价研究备受关注。

图 7.4　1992—2021 年中国生态环境与经济协调发展研究关键词图谱

表 7.3　1992—2021 年中国生态环境与经济协调发展研究文献的高频关键词

序号	关键词	出现频次	年份	序号	关键词	出现频次	年份
1	生态环境	135	1995	11	经济增长	14	2007
2	协调发展	55	1993	12	耦合关系	8	2008
3	经济发展	33	1997	13	熵值法	7	2011
4	旅游经济	30	2006	14	协调	6	2009

续表

序号	关键词	出现频次	年份	序号	关键词	出现频次	年份
5	耦合协调	29	2014	15	耦合	6	2005
6	协调度	20	2005	16	农业经济	6	2013
7	经济	19	1995	17	旅游	5	2011
8	耦合度	18	2008	18	旅游产业	5	2015
9	区域经济	17	2006	19	区域差异	5	2014
10	社会经济	15	2007	20	综合评价	5	2008

7.1.2.2 关键词聚类分析

在关键词知识图谱的基础上,运用 CiteSpace 进行聚类分析,并得出关键词聚类图,如图 7.5 所示。其中聚类模块值 Q 为 0.554 6(大于 0.3),平均轮廓值 S 为 0.801 4(大于 0.5),即表示聚类合理且聚类结构显著。通过分析得出关键词聚类表(见表 7.4),其中聚类♯1～♯6 的 S 值处于 0.725～0.993,均大于 0.7,说明聚类效果理想。

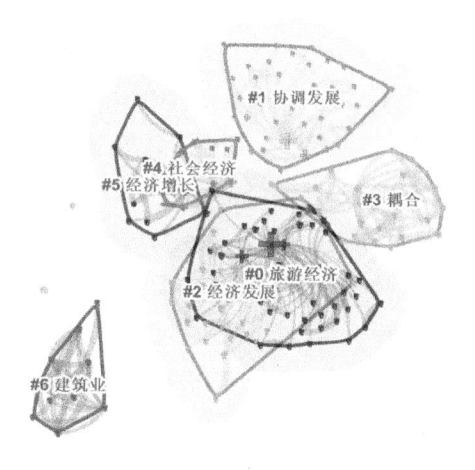

图 7.5　1992—2021 年中国生态环境与经济协调发展研究关键词聚类图谱

结合检索文献中的高频关键词和聚类图谱,分析发现中国生态环境与经济协调发展研究的热点集中在生态环境与经济发展的耦合协调、方法测度、协调发展评价、生态效益与经济效益等方面。

表 7.4 关键词聚类表

聚类	数量	S 值	平均年份	关键词
#0	51	0.617	2014	旅游经济、耦合协调、区域经济、生态环境、协调度
#1	36	0.886	2008	协调发展、经济、土地利用效益、旅游经济、耦合协调
#2	34	0.725	2013	经济发展、耦合度、熵值法、农业经济、协调度
#3	24	0.911	2011	耦合、协调、生态、机理、方法测度
#4	12	0.883	2011	社会经济、水资源、厦门市、协调发展评价、优化
#5	11	0.931	2014	经济增长、环境污染、博弈、环境库兹涅茨曲线、效率
#6	10	0.993	1997	建筑业、产业化、加工业、产业链、可再生资源

(1) 生态环境与经济发展的耦合协调研究。学者们通过大量的研究证实了生态环境与经济发展之间相互影响、存在互为共生的耦合关系。研究主要从生态环境与经济发展相互影响作用机制方面开展定性研究，以及从评价指标体系构建、耦合协调关系研究方法方面开展定量研究。其中研究对象多聚焦于经济发展较快的沿海地区或和城市化水平高的城市群。唐晓灵等[2]通过实证研究陕西省 2008—2018 年生态环境与经济发展耦合协调水平，探讨了耦合协调发展的主要影响因素。吴艳霞等[3]采用耦合协调模型探讨了黄河流域省区的生态环境与经济发展的耦合协调发展态势和驱动因素。孙亚敏等[4]在遵守科学性、完整性和层级性的基础上，构建了生态环境与经济发展的评价指标体系，采用耦合协调度模型研究了安徽省 2010—2019 年不同区域的生态环境与经济的耦合协调度，通过对生态系统与经济系统的耦合协调的研究，促进环境经济协调可持续高质量发展。

(2) 生态环境与经济发展的方法测度与协调发展评价。当前中国生态环境与经济耦合协调的测度方法主要包括指数加成及计量分析法、变异系数和弹性系数法、模糊与灰色理论法、系统演化与系统动力方法、数据包络分析法、结构方程模型法等[5]。段长桂等[6]采用层次分析法、熵值法与基于离差平方和的组合赋权法，确定南京市经济与生态环境评价指标体系的各指标分配权重，并运用耦合协调度模型评价了南京市生态环境与经济发展之间耦合协调发展程度。张珍珍等[7]构建了经济-旅游-生态环境耦合发展评价指标体系,采用变异系数法和熵值法分别对指标进行权重计算,并选取平均值作为最终权重。丁磊等[8]构建了经济与生态环境耦合协调发展评价指标体系,并运用熵权法确定各指标的权重,再结合数据实证分析耦合协调度。

(3) 生态环境与经济协调发展中生态服务型经济的研究。生态服务型经济是在解决中国深度贫困地区贫困人口脱贫并平衡生态环境与经济发展的时代背景下发展起来的,为实现生态环境保护与脱贫致富双赢提供了新思路和新方案。目前生态服务型经济的研究多从背景、理论依据方面展开定性研究,缺乏运行机制理论的探索讨论。冯晓龙等[9]阐述了生态服务型经济的运行机制,并运用青海省三江源自然保护区的调查数据进行了实证研究。

7.1.3　研究演化路径分析

运用 CiteSpace 绘制检索文献的关键词时区视图,反映中国生态环境与经济协调发展研究随着时间变化的演化路径和发展趋势[10],如图 7.6 所示。

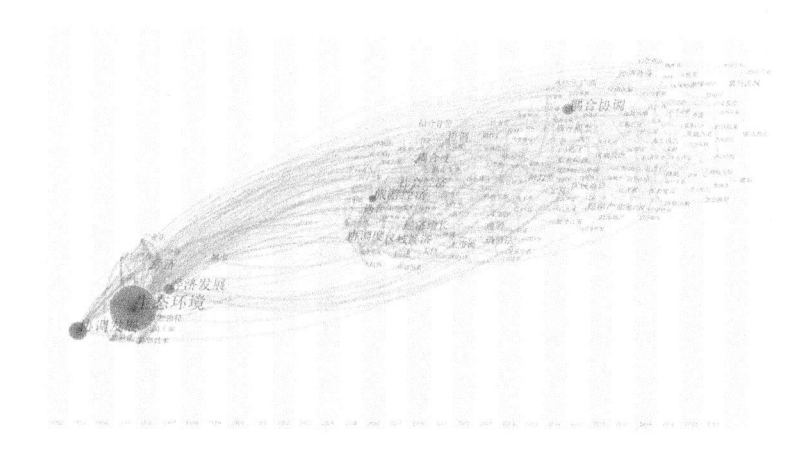

图 7.6　1992—2021 年中国生态环境与经济协调发展研究关键词共现时区

根据图 7.6 进行文献梳理可知,1992—2021 年,我国生态环境与经济协调发展研究大致经历了 4 个阶段:

(1) 萌芽期(1992—2003 年)。此阶段学者对生态环境与经济协调发展研究的文献较少,代表性关键词有"生态环境""经济发展""协调发展""建筑业""产业化""产业链""高新技术加工业"等。此阶段的社会经济处于高速发展时期,随着工业总产值的翻番,各种资源能源的消耗也逐年增加,生态破坏与工业污染也愈加严重。陈予群[11]探讨了上海城市经济建设与生态环境协调发展模式,提出通过调整产业结构来降低污染的同时不降低经济建设速度。

（2）成长期（2004—2013年）。此阶段的研究热点关键词是"协调度""旅游经济""耦合度""经济增长""熵值法""综合评价",高频关键词之间有着密集的连线。这一阶段研究是在旅游经济快速发展与生态环境建设密不可分的背景下,通过构建生态环境与城市经济协调发展评价指标体系,采用灰色理论、熵值法、因子分析等方法,对沿海城市和城市化水平高的地区定量测度生态系统与经济系统的协调度。王辉等[12]在考虑沿海城市的主要生态环境因素影响的基础上选取评价指标,收集大连的指标数据对生态环境与旅游经济协调发展度做出定量评判。此外,主要采用时间序列或省际面板数据对生态环境与经济协调发展研究进行实证分析[13-15]。

（3）加速期（2014—2018年）。此阶段的研究热点关键词为"耦合模型""区域差异""经济效益""生态建设""和谐共生""水土流失"等[16-17]。刘德光等[18]采用因子分析法构建评价指标体系,实证分析国内31个省（区、市）2005—2014年生态环境与旅游经济的协调关系及时空特征。汤姿等[19]以"坚持人与自然和谐共生"思想为指导,采用熵值法和耦合协调模型,构建了黑龙江省生态环境与旅游经济耦合协调发展的评价指标体系,并选取2005—2015年的调查数据实证分析了耦合协调发展的空间差异与演化特征。

（4）深化期（2019年至今）。该阶段的研究热点关键词为"清洁能源""能源利用""产业协同发展""绿色发展""黄河流域"等。关伟等[20]探究了能源利用与经济增长对生态环境的影响因素,并构建了能源、经济与生态环境评价指标体系,利用时序数据进行了实证分析。任保平等[21]为探索黄河流域2012—2018年经济增长、产业发展与生态环境三者之间的耦合协调度,采用耦合协调度模型与灰色关联度模型构建综合评价指标体系,分析了三者之间的驱动因素,并为促进黄河流域的高质量发展提供科学决策支撑。

总体来看,该领域研究初期,生态污染问题制约着社会经济的发展,因此探究生态环境与社会经济快速发展的解决途径成为研究的重点问题,重点集中在建筑业、加工业、产业链等污染排放量较高的生产环节。随着研究的深入和细化,研究方法呈现多样化,研究对象多集中在长三角地区、京津冀地区和生态环境脆弱地区,研究多采用实证分析的方法定量测度生态环境与经济协调发展的耦合协调度,通过分析数据结果为生态环境与经济协调发展提出重要的指导意见。综上所述,现有研究为开展京津冀生态保护与经济发展协同治理评价研究提供了重要的借鉴作用,但目前京津冀生态保护与经济发展协同治理评价仍存在两方面的不足:一是在生态保护与经济发展协同治理评价指标体系设计方面,学者们以定性分析为主,依据指标的重要性及指标数据的易获取性进行指标筛选,主观性较强。二是现有的评价方法重点强调京津冀生态保护与经济发展在具体年份的静态评价,既缺乏对不同时期京津冀生态保护与经济发展的动态分析,也缺乏对不同时期京津冀生态保护与经济发展相对发展度的对比分析,同时未体现不同时期京津冀生态保护与经济发展协同治理水平的对比分析。为此,采用政策文献梳理法和主成分-相关分析法,结合"政策导向性"和"文献参考性"两大类指标,进行京津冀地区生态保护与经济发展协同治理评价指标的综合筛选。在此基础上,采用加权综合指数法、相对发展度模型和协调度模型,对比评价京津冀地区生态保护与经济发展的相对发展度,综合评价京津冀地区生态保护与经济发展的协同治理水平,从而探寻京津冀生态保护与经济发展的关键制约因素,因地制宜探索提升京津冀生态保护指数与经济发展指数及其协同治理水平的对策建议,以指导京津冀生态保护与经济发展协同治理实践。

7.2 研究方法

将政策文献梳理法、主成分-相关分析法、加权综合指数法、相对发展度模型和协调度模型相结合,构建京津冀生态保护与经济发展协同治理评价体系。其中:

(1) 评价指标设计方法

采用政策文献梳理法,结合"政策导向性"和"文献参考性"两大类指标,确定京津冀生态保护与经济发展的初始指标。采用主成分-相关分析法,进行指标降维筛选,确定京津冀地区生态保护与经济发展的最终指标。其中,①利用主成分分析法,根据因子载荷大小,对初始指标进行定量预筛选。筛选主成分因子载荷大于0.9、第二或第三主成分因子载荷绝对值最大的指标。②利用相关分析法,根据相关系数大小,对经过主成分分析筛选后留下的指标进行二次定量筛选。分别计算京津冀地区生态保护、经济发展等维度内二级指标层下任意两个指标间的相关系数,设定指标相关系数的阈值 $M(0<M<1)$,若两指标间相关系数小于阈值 M,则同时保留两个指标;若两指标间相关系数大于阈值 M,则删除两个指标中因子载荷绝对值小的指标,即对评价结果影响小的指标。本文取阈值 $M=0.9$。

(2) 评价模型构建方法

依据设计的评价指标,采用加权综合指数法和相对发展度模型,测量京津冀生态保护与经济发展的相对发展度,可用公式表示为

$$\begin{cases} E_j(t) = \dfrac{C_{j1}(t)}{C_{j2}(t)} \\ C_{jk}(t) = \sum\limits_{i=1}^{m}[w_{ki} \cdot b_{jki}(t)] \end{cases} \tag{7.1}$$

式(7.1)中,$E_j(t)$ 为第 t 时期第 j 地区生态保护与经济发展的相对发展度(取 $j=1$、$j=2$、$j=3$、$j=4$ 分别代表北京、天津、河北、京津冀整体)。其中,$0<E_j(t)\leqslant 0.8$,说明生态保护滞后经济发展;$0.8<E_j(t)\leqslant 1.2$,说明生态保护同步经济发展;$E_j(t)>1.2$,说明生态保护超前经济发展。$C_{jk}(t)$ 为第 t 时期第 j 地区第 k 维度的指数(取 $k=1$、$k=2$ 分别代表生态保护维度、经济发展维度),$b_{jki}(t)$ 为标准化的指标值,$a_{jki}(t)$ 为第 t 时期第 j 地区第 k 维度的第 i 个指标原始值,其中,①效益型指标标准化:$b_{jki}(t) = \dfrac{a_{jki}(t) - \min a_{jki}(t)}{\max a_{jki}(t) - \min a_{jki}(t)}$;②成本型指标标准化:$b_{jki}(t) = \dfrac{\max a_{jki}(t) - a_{jki}(t)}{\max a_{jki}(t) - \min a_{jki}(t)}$;$\max a_{jki}(t)$、$\min a_{jki}(t)$ 分别为 $a_{jki}(t)$ 的最优值、最劣值。w_{ki} 为第 k 维度第 i 个指标的权重,采用变异系数法予以确定,可用公式表示为

$$\begin{cases} w_{ki} = \dfrac{V_{ki}}{\sum\limits_{i=1}^{m} V_{ki}} \\ V_{ki} = \dfrac{\sigma_{ki}}{\dfrac{1}{n}\sum\limits_{i=1}^{n} x_{ki}} \end{cases} \tag{7.2}$$

式(7.2)中，V_{ki} 为第 k 维度第 i 个指标的变异系数；$\sum_{i=1}^{m} V_{ki}$ 为第 k 维度各指标的变异系数和；σ_{ki} 为第 k 维度第 i 个指标的标准差；$\frac{1}{n}\sum_{i=1}^{n} x_{ki}$ 为第 k 维度第 i 个指标的均值。

同时，采用协调度模型，动态评价京津冀生态保护与经济发展的协同治理水平，可用公式表示为

$$D_j(t) = \sqrt{C_j(t) \times T_j(t)}$$

$$\begin{cases} C_j(t) = \left[\dfrac{C_{j1}(t) \cdot C_{j2}(t)}{\left[\dfrac{C_{j1}(t) + C_{j2}(t)}{2}\right]^2}\right]^2 \\ T_j(t) = \omega_1 \cdot C_{j1}(t) + \omega_2 \cdot C_{j2}(t) \\ \omega_1 + \omega_2 = 1 \\ j = 1,2,3,4 \end{cases} \quad (7.3)$$

式(7.3)中，$D_j(t)$ 为第 j 地区生态保护与经济发展的协同治理水平；$C_j(t)$ 为第 j 地区生态保护与经济发展的耦合程度；$T_j(t)$ 为第 t 时期第 j 地区生态保护与经济发展的协调程度；ω_1、ω_2 分别为第 j 地区生态保护指数 $C_{j1}(t)$、经济发展指数 $C_{j2}(t)$ 的相对重要性。

根据式(7.3)，对京津冀生态保护与经济发展的协同治理等级进行划分，见表7.5。

表7.5 京津冀生态保护与经济发展的协同治理等级划分

协同治理水平		等级划分
$0 < D_j(t) \leqslant 0.4$	(0, 0.1]	极度失同
	(0.1, 0.2]	严重失同
	(0.2, 0.3]	中度失同
	(0.3, 0.4]	轻度失同
$0.4 < D_j(t) \leqslant 0.6$	(0.4, 0.5]	濒临失同
	(0.5, 0.6]	勉强协同

续表

协同治理水平		等级划分
$0.6 < D_j(t) \leqslant 1$	(0.6,0.7]	初级协同
	(0.7,0.8]	中级协同
	(0.8,0.9]	良好协同
	(0.9,1]	优质协同

根据表7.5,最终可判定京津冀生态保护与经济发展的协同治理等级。

7.3 实证研究

本文数据主要来自《中国统计年鉴》、《北京市统计年鉴》、《天津市统计年鉴》和《河北省统计年鉴》。

7.3.1 京津冀生态保护与经济发展协同治理评价指标设计

(1) 生态保护与经济发展指标的主成分预筛选

通过政策文献梳理可知,一方面,生态保护指标主要包括资源消耗、环境保护和污染控制三大类指标。为此,①选定能源消费量(V_1)、单位GDP能耗(V_2)、用水总量(V_3)作为资源消耗的初始指标;②选定森林覆盖率(V_4)、森林蓄积量(V_5)、地方财政环境保护支出(V_6)、工业污染治理完成投资(V_7)、治理废水项目完成投资(V_8)、治理废气项目完成投资(V_9)作为环境保护的初始指标;③选定生活垃圾清运量(V_{10})、废水排放量(V_{11})、化学需氧量排放量(V_{12})、氨氮排放量(V_{13})、二氧化硫排放量(V_{14})作为污染控制的初始指标。另一方面,经济发展指标主要包括经济规模、经济结构和经济质量三大类指标。为此,①选定人均GDP(Y_1)、GDP增速(Y_2)、地方财政一般预算收入(Y_3)、全社会固定资产投资(Y_4)、社会消费品零售总额(Y_5)、经营单位所在地进出口总额(Y_6)、第二产业增加值(Y_7)、工业增加值(Y_8)作为经济发展规模指标;②选定第一产业产值占GDP比重(Y_9)、第二产业产值占GDP比重(Y_{10})、第三产业产值占GDP比重(Y_{11})作为经济结构指标;③选定全员劳动生产率(Y_{12})、常住人口城镇化率(Y_{13})作为经济发展质量指标。

在对生态保护与经济发展指标进行预筛选的基础上,采用主成分分析法,进行生态保护与经济发展指标的定量筛选。运用 SPSS 20.0 分别对 2009—2018 年北京、天津、河北及京津冀 14 个生态保护指标和 13 个经济发展指标进行 KMO 和 Bartlett 的检验(见表 7.6)。

表 7.6 生态保护与经济发展指标的 KMO 和 Bartlett 检验

检验项		取值	
		生态保护指标	经济发展指标
取样足够度的 Kaiser-Meyer-Olkin 度量。		0.742	0.683
Bartlett 的球形度检验	近似卡方	1 337.745	1 363.098
	Sig	0	0
	解释的总方差	89.60%	91.50%

表 7.6 中的检验结果显示,生态保护指标、经济发展指标的 KMO 值分别为 0.742、0.683,大于最低取值 0.5,表明生态保护与经济发展的初始指标结构合理,适合做因子分析;Bartlett 球形检验的 Sig 取值为 0,表明生态保护各指标之间、经济发展各指标之间均存在相关性,能够提取主成分,提取的主成分分别能够解释 89.60%、91.50% 的生态保护、经济发展原始指标信息。为此,根据因子载荷大小进行生态保护指标、经济发展指标定量预筛选,分别筛选出主成分因子载荷大于 0.9,第二或第三主成分因子载荷绝对值最大的指标,得到生态保护指标、经济发展指标的主成分筛选结果(见表 7.7)。

表 7.7 生态保护与经济发展指标的主成分预筛选结果

生态保护指标	主成分因子载荷			主成分筛选结果	经济发展指标	主成分因子载荷			主成分筛选结果
	第一主成分	第二主成分	第三主成分			第一主成分	第二主成分	第三主成分	
V_1	0.978	0.052	0.033	保留	Y_1	0.849	−0.236	−0.138	删除
V_2	0.537	−0.661	0.275	删除	Y_2	−0.059	−0.205	0.958	保留
V_3	0.974	−0.027	0.159	保留	Y_3	0.242	0.954	−0.081	保留
V_4	0.031	0.595	0.640	保留	Y_4	−0.349	0.891	−0.219	删除

续表

生态保护指标	主成分因子载荷 第一主成分	主成分因子载荷 第二主成分	主成分因子载荷 第三主成分	主成分筛选结果	经济发展指标	主成分因子载荷 第一主成分	主成分因子载荷 第二主成分	主成分因子载荷 第三主成分	主成分筛选结果
V_5	0.957	−0.055	0.189	保留	Y_5	−0.046	0.982	−0.135	保留
V_6	0.575	0.726	−0.127	保留	Y_6	0.472	0.781	0.242	删除
V_7	0.826	0.116	−0.491	删除	Y_7	−0.405	0.892	−0.136	删除
V_8	0.739	−0.443	0.048	删除	Y_8	−0.411	0.900	−0.070	保留
V_9	0.779	0.158	−0.492	删除	Y_9	−0.880	0.163	−0.158	删除
V_{10}	0.770	0.542	0.163	删除	Y_{10}	−0.875	−0.142	0.021	删除
V_{11}	0.959	0.203	0.078	保留	Y_{11}	0.957	0.070	0.028	保留
V_{12}	0.912	−0.177	−0.040	保留	Y_{12}	0.956	−0.063	−0.114	保留
V_{13}	0.929	−0.305	0.169	保留	Y_{13}	0.888	−0.333	0.089	删除
V_{14}	0.958	−0.118	−0.030	保留					

(2) 生态保护与经济发展指标的相关系数确定

采用相关系数法,对生态保护、经济发展指标进行二次定量筛选。首先,通过计算定量预筛选后保留下的生态保护二级指标层内任意两个指标间的相关系数(见表7.8),利用阈值 M 进行筛选。其中,①针对资源消耗初始指标,能源消费量(V_1)与用水总量(V_3)高度相关,大于阈值0.9,但能源消费量(V_1)因子载荷最大,所以保留能源消费量(V_1);②针对环境保护初始指标,森林覆盖率(V_4)、森林蓄积量(V_5)、地方财政环境保护支出(V_6)之间相关系数小于阈值0.9,所以全部保留;③针对污染控制指标,废水排放总量(V_{11})、化学需氧量排放量(V_{12})、氨氮排放量(V_{13})、二氧化硫排放量(V_{14})之间相关系数小于阈值0.9,所以全部保留。

表7.8 生态保护指标相关系数

	V_1	V_3	V_4	V_5	V_6	V_{11}	V_{12}	V_{13}	V_{14}
V_1	1.000	0.984	−0.002	0.967	0.636	0.968	0.836	0.892	0.916
V_3	0.984	1.000	0.061	0.994	0.557	0.945	0.839	0.935	0.906
V_4	−0.002	0.061	1.000	0.083	0.260	0.147	−0.008	−0.044	−0.028

续表

	V_1	V_3	V_4	V_5	V_6	V_{11}	V_{12}	V_{13}	V_{14}
V_5	0.967	0.994	0.083	1.000	0.531	0.912	0.824	0.927	0.889
V_6	0.636	0.557	0.260	0.531	1.000	0.675	0.342	0.276	0.440
V_{11}	0.968	0.945	0.147	0.912	0.675	1.000	0.825	0.851	0.894
V_{12}	0.836	0.839	−0.008	0.824	0.342	0.825	1.000	0.804	0.881
V_{13}	0.892	0.935	−0.044	0.927	0.276	0.851	0.804	1.000	0.820
V_{14}	0.916	0.906	−0.028	0.889	0.440	0.894	0.881	0.820	1.000

其次,通过计算定量预筛选后保留下的经济发展二级指标层内任意两个指标间的相关系数(见表7.9),利用阈值 M 进行筛选。其中,①针对经济规模指标,地方财政一般预算收入(Y_3)、社会消费品零售总额(Y_5)高度相关,大于阈值0.9,但社会消费品零售总额(Y_5)因子载荷最大,对主成分的贡献最大,所以保留 Y_5,而GDP增速(Y_2)、社会消费品零售总额(Y_5)、工业增加值(Y_8)相关系数小于阈值0.9,所以全部保留;②针对经济结构与经济质量指标,保留第三产业产值占GDP比重(Y_{11})、全员劳动生产率(Y_{12})。

表7.9 经济发展指标相关系数

	Y_2	Y_3	Y_5	Y_8	Y_{11}	Y_{12}
Y_2	1.000	−0.270	−0.312	−0.222	−0.058	−0.118
Y_3	−0.270	1.000	0.944	0.765	0.272	0.189
Y_5	−0.312	0.944	1.000	0.898	0.028	−0.080
Y_8	−0.222	0.765	0.898	1.000	−0.372	−0.448
Y_{11}	−0.058	0.272	0.028	−0.372	1.000	0.909
Y_{12}	−0.118	0.189	−0.080	−0.448	0.909	1.000

(3)生态保护与经济发展协同治理评价指标设计

根据表7.8和表7.9,最终确定将能源消费量(V_1)与森林覆盖率(V_4)、森林蓄积量(V_5)、地方财政环境保护支出(V_6)、废水排放总量(V_{11})、化学需氧量排放量(V_{12})、氨氮排放量(V_{13})、二氧化硫排放量(V_{14})作为生态保护指标;确定将GDP增速(Y_2)、社会消费品零售总额(Y_5)、工业增加值(Y_8)、第三产业产值占GDP比重(Y_{11})、全员劳动生产率(Y_{12})作为经济发展指标。

并根据式(7.2)进行指标赋权。京津冀生态保护与经济发展协同治理评价指标主要分为维度层-目标层-准则层-指标层4个层级(见表7.10)。

表7.10 京津冀生态保护与经济发展协同治理评价指标

维度层	目标层	准则层	指标层	指标单位	指标权重
生态保护	控制资源消耗、提高环境保护与环境治理能力	资源消耗	能源消费量	万t	0.114
		环境保护	森林覆盖率	%	0.065
			森林蓄积量	亿m³	0.139
			地方财政环境保护支出	亿元	0.148
		污染控制	废水排放量	万t	0.104
			化学需氧量排放量	万t	0.152
			二氧化硫排放量	t	0.147
			氨氮排放量	万t	0.132
经济发展	提高经济增长质量和效益	经济发展规模	GDP增速	%	0.208
			社会消费品零售总额	亿元	0.268
			工业增加值	亿元	0.260
		产业结构升级	第三产业产值占GDP比重	%	0.104
		经济发展质量	全员劳动生产率	元/人	0.160

7.3.2 京津冀生态保护与经济发展的相对发展度

根据式(7.1)～式(7.3),确定2009—2018年京津冀地区生态保护与经济发展的相对发展度和协同治理水平,见图7.7。

由图7.7可知:①从京津冀地区的生态保护指数与经济发展指数变化看,2009—2018年,京津冀地区经济发展指数总体均呈递增趋势,但京津冀地区生态保护指数由于受到能源消费量、废水排放总量、化学需氧量排放量、二氧化硫排放量、氨氮排放量等资源消耗和污染控制关键指标的影响,均呈现"先下降、后增长"态势。从生态保护与经济发展指数的年均增长率变化来看(见图7.8),2009—2018年,除北京外,京津冀地区生态保护指数的增速明显慢于经济发展指数,其中,北京、天津、河北、京津冀整体的生态保护指数的年均增长率分别为7.6%、2.9%、3.0%、3.6%;与之对应的经济发

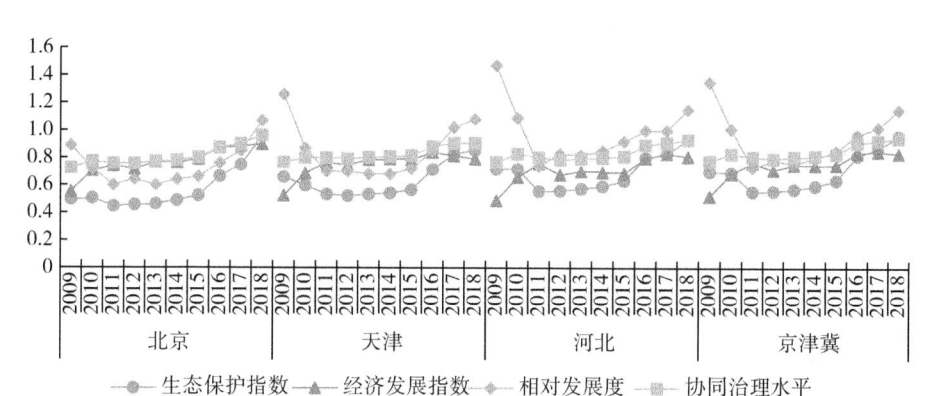

展指数的年均增长率分别为 5.5%、4.7%、5.8%、5.4%。

图 7.7 2009—2018 年京津冀地区生态保护与经济发展的相对发展度和协同治理水平

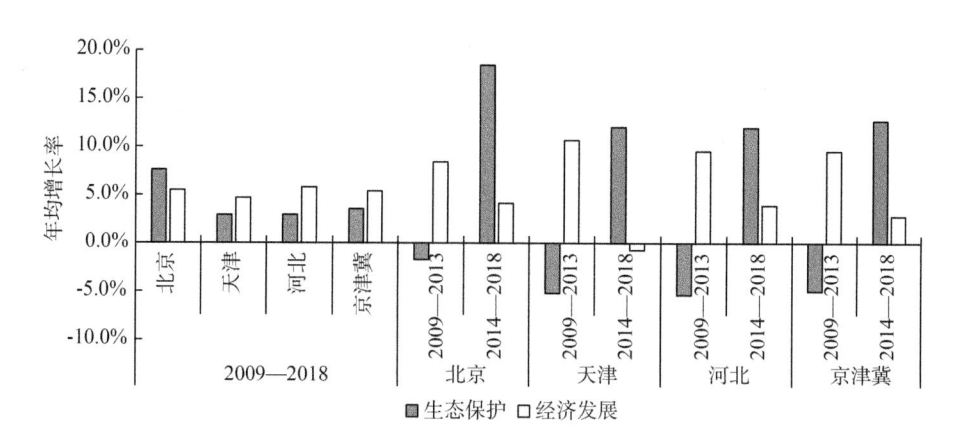

图 7.8 2009—2018 年京津冀地区生态保护指数与经济发展指数的年均增长率

2014—2018 年与 2009—2013 年相比,京津冀地区生态保护指数年均增长率有所提高并由负变正,而经济发展指数年均增长率均有所下降。其中,2009—2013 年,京津冀地区均表现为经济发展指数增长最快,京津冀整体的年均增长率高达 9.5%,天津(10.7%)高于河北(9.5%)、北京(8.4%)。2014—2018 年,京津冀地区均表现为生态保护指数增长最快,京津冀整体的年均增长率高达 12.7%,北京(18.5%)高于天津(12.0%)、河北(12.0%)。

②从京津冀地区生态保护与经济发展的相对发展度变化看,生态保护与经济发展总体呈现"同步"态势。其中,北京、天津、河北、京津冀整体分别

于 2010—2016 年、2011—2015 年、2011 年、2011—2013 年呈现生态保护滞后于经济发展的态势；北京、天津、河北、京津冀整体分别于 2017—2018 年、2016—2018 年、2012—2018 年、2014—2018 年呈现生态保护同步于经济发展的态势。

7.3.3 京津冀生态保护与经济发展的协同治理水平

根据图 7.7 可知，2009—2018 年，京津冀地区生态保护与经济发展的协同治理水平呈现持续增长态势，2018 年均达到 0.900 以上。其中，京津冀整体由 0.777 增至 0.945，年均增长率为 2.2%。北京增长最快，天津增长最慢，年均增长率分别为 3.2%、1.9%。参照图 7.8，对比评价 2009—2013 年与 2014—2018 年京津冀地区生态保护与经济发展协同治理水平的均值及其增速见图 7.9。

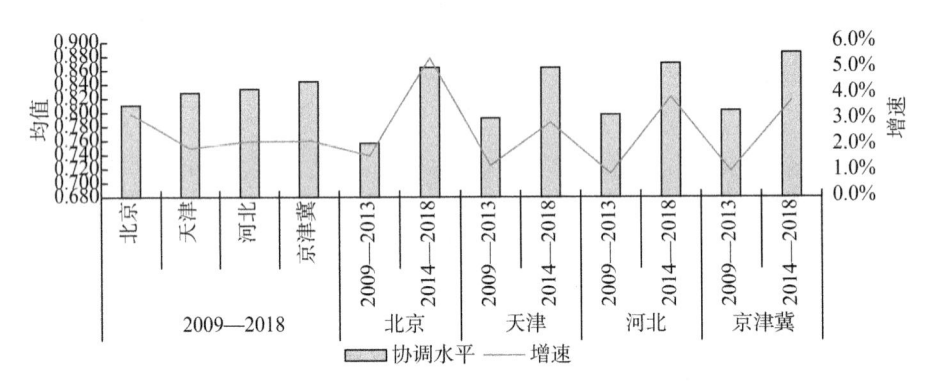

图 7.9　2009—2018 年京津冀地区生态保护与经济发展协同治理水平的均值及其增速

根据图 7.9 可知，2009—2013 年，北京增长最快、河北增长最慢，年均增长率分别为 1.6%、0.9%。2014—2018 年，北京增长最快、天津增长最慢，年均增长率分别为 5.4%、2.9%。2014—2018 年与 2009—2013 年相比，京津冀地区生态保护与经济发展协同治理水平均得到较快提升，京津冀整体增速提高了 2.7%，北京、天津、河北增速分别提高了 3.8%、1.7%、3.0%。

根据图 7.7 和表 7.5，确定 2009—2018 年京津冀地区生态保护与经济发展的协同治理等级变化，见表 7.10。

表 7.10　京津冀地区生态保护与经济发展的协同治理等级划分时点

地区	中级协同	良好协同	优质协同
北京	2009—2014	2015—2016	2017—2018
天津	2009—2012	2013—2016	2017—2018
河北	2009 2012—2013	2010—2011 2014—2016	2017—2018
京津冀	2009 2012	2010—2011 2013—2015	2016—2018

根据表 7.10 可知,①天津、北京分别于 2013 年、2015 年达到了良好协同等级;②2009—2016 年,河北呈现"中级"与"良好"协同等级交替变化态势,并于 2016 年达到了稳定的良好协同等级;③京津冀地区均于 2017 年同时达到优质协同等级;④从京津冀整体生态保护与经济发展的协同等级变化来看,2009—2015 年,京津冀呈现"中级"与"良好"协同等级交替变化态势,并于 2013 年达到了稳定的良好协同等级、2016 年达到了优质协同等级。

7.4　结论与建议

7.4.1　结　论

基于相关文献研究与实践经验性探索,采用主成分-相关分析法,系统设计京津冀生态保护与经济发展协同治理评价指标。同时,采用加权综合指数法、相对发展度模型和协调度模型,构建相应的动态评价模型,作为京津冀生态保护与经济发展协同治理评价的主要方法。该方法有效克服了仅从静态角度对特定年份京津冀生态保护与经济发展进行评价的不足,反映了不同时期京津冀生态保护与经济发展的动态变化趋势。同时,该方法实现了对不同时期京津冀生态保护与经济发展相对发展度的对比分析,能够综合反映不同时期京津冀生态保护与经济发展的优劣差异及其协同治理水平,弥补已有成果从生态保护、经济发展进行单独分析的不足,更好地把握了京津冀生态保护与经济发展协同治理存在的综合问题。

评价结果表明:2009—2018 年,①京津冀地区生态保护指数与经济发展指数均有不同程度的提升,针对生态保护指数变化,北京增长最快,天津增长最慢,针对经济发展指数变化,河北增长最快,天津增长最慢。②北京、天津、河北、京津冀整体分别于 2010—2016 年、2011—2015 年、2011 年、2011—2013 年呈现生态保护滞后于经济发展的态势;至 2017 年,京津冀地区生态保护与经济发展的相对发展度均处于[0.8,1.2]区间,即"同步"发展。③通过京津冀地区生态保护与经济发展的协同治理水平对比分析,北京增长最快,天津增长最慢。评价结果与京津冀地区治理实践相吻合,进一步验证了评价方法的有效性。其中,2014—2018 年与 2009—2013 年相比,①京津冀地区均表现为由经济发展指数增长最快转变为生态保护指数增长最快。②京津冀地区生态保护均从"滞后"转为"同步"于经济发展。③通过京津冀地区生态保护与经济发展的协同治理水平对比分析,北京始终增长最快,同时由河北增长最慢转为天津增长最慢;京津冀地区均从"中级"转为"良好和优质"协同等级。但是,针对资源消耗,北京、天津和河北存在着能源消费量总体不断上升的问题;针对生态保护,北京、天津和河北存在着森林覆盖率、森林蓄积量长期不变的问题。针对环境治理,北京、天津和河北存在着废水排放总量、化学需氧量排放量和氨氮排放量中后期不断升高等问题。

7.4.2 对策建议

为加快推进京津冀地区生态保护与经济发展的协同治理,关键是补短板,即从资源消耗、生态保护、环境治理等方面,加强京津冀地区生态建设。为此,提出以下对策建议:第一,深化落实"煤改气""煤改电"和燃煤脱硫等举措;大力改造传统产业,持续推进高耗能行业化解过剩产能。第二,积极发展高新技术产业,降低高污染、高能源消耗的产业结构占比,持续推进由工业主导向服务业主导的产业结构优化升级。第三,扩大中央对京津冀林业生态建设投资力度,促进京津冀林业生态保护与修复;持续推进京津风沙源治理、自然保护区建设等林业重点工程,增加造林面积。第四,通过提高污水排放水质要求,抬高企业进入门槛,淘汰污染型落后企业,减少水污染物排放总量;关闭或转移京津冀高耗水和高污染的化工、食品和造纸等行业;对高耗水和高污染行业进行清洁生产改造、污水处理工艺改进等。第五,推动京津冀地区污染联防联控,完善生态保护的制度建设。建立健全京津冀地区生态文明建设要求的目标体系、考核办法、奖惩机制,健全生态环境管理责任追究制度和环境损害赔偿制度,严格控制能源消费量、化学需氧量排放量和二氧化硫排放量。第六,加快京津冀地区科技成果转化,以科技支撑能力破解生态环境建设难题。提升京津冀地区生态环境领域的技术供给能力,加强先进适用技术研发与集成应用,构建市场导向的绿色技术创新体系,重点发展污染排放控制、大气污染治理、工业节能回收利用等技术,推动一批成熟科技成果在京津冀地区重点工业污染源治理工程中落地应用。

参考文献

[1] 李先跃.中国文化产业与旅游产业融合研究进展及趋势:基于 CiteSpace 计量分析[J].经济地理,2019,39(12):212-220,229.

[2] 唐晓灵,冯艳蓉,杜莉.陕西省经济发展与生态环境耦合协调发展研究[J].环境污染与防治,2021,43(4):516-520,526.

[3] 吴艳霞,陈步宇,张磊.黄河流域社会经济与生态环境耦合协调态势及动力因素[J].水土保持通报,2021,41(2):240-249.

[4] 孙亚敏,张付海,王欢,等.基于耦合模型的安徽经济与环境协调发展分析[J].中国环境监测,2021,37(6):74-81.

[5] 杨玉珍.我国生态、环境、经济系统耦合协调测度方法综述[J].科技管理研究,2013,33(4):236-239.

[6] 段长桂,董增川,管西柯,等.南京市经济发展与生态环境耦合协调关系研究[J].水力发电,2017,43(9):5-9.

[7] 张珍珍,曹月娥,赵珮珮,等.昌吉回族自治州经济-旅游-生态环境耦合协调发展初探[J].西北师范大学学报(自然科学版),2020,56(3):95-101,126.

[8] 丁磊,吕剑平.基于熵权法测度甘肃省农业经济和农业生态的耦合性[J].中国农机化学报,2021,42(3):151-158.

[9] 冯晓龙,刘明月,张崇尚,等.深度贫困地区经济发展与生态环境治理如何协调——来自社区生态服务型经济的实践证据[J].农业经济问题,2019(12):4-14.

[10] WU Y, WANG H, WANG Z, et al. Knowledge mapping analysis of rural landscape using CiteSpace[J]. Sustainability,2019,12(1):1-17.

[11] 陈予群.上海城市经济建设与生态环境协调发展模式[J].上海社会科学院学术季刊,1993(2):33-41.

[12] 王辉,姜斌.沿海城市生态环境与旅游经济协调发展定量研究[J].干旱区资源与环境,2006(5):115-119.

［13］张翔.西宁市生态环境与社会经济协调发展分析[J].兰州大学学报(社会科学版),2013,41(4):131-139.

［14］李洪英,胡求光,胡彬彬.浙江省海洋经济与生态环境的协调发展研究——基于低碳经济的视角[J].华东经济管理,2011,25(6):11-14.

［15］滕海洋,于金方.山东省经济与生态环境协调发展评价研究[J].资源开发与市场,2008(12):1085-1086,1148.

［16］李琳,王搏,徐洁.我国经济与生态环境协调发展的地区差异研究——基于综合评价方法[J].科技管理研究,2014,34(10):38-41.

［17］杨建林,黄清子.生态城市建设目标下的产业发展评价研究[J].湖南社会科学,2015(4):137-142.

［18］刘德光,屈小爽.中国旅游经济与生态环境协调发展度测算及区域差异分析[J].广东财经大学学报,2016,31(4):89-96,105.

［19］汤姿,石长波,张娜.黑龙江省旅游经济与生态环境时空耦合研究——基于"坚持人与自然和谐共生"的视角[J].商业研究,2018(1):1-9.

［20］关伟,金一.中国能源利用、经济增长演进对生态环境的脉冲响应[J].经济地理,2020,40(2):31-40.

［21］任保平,杜宇翔.黄河流域经济增长-产业发展-生态环境的耦合协同关系[J].中国人口·资源与环境,2021,31(2):119-129.

第 8 章
京津冀"科技-经济-水资源"耦合协同治理评价研究

京津冀科技创新是推动京津冀经济发展与用水效率提升的关键驱动力,而京津冀经济发展是促进科技进步与用水效率提升的前提保障。因此,京津冀科技创新、经济发展与水资源利用是一个相互影响的共生耦合系统。立足于京津冀的基本区情,北京市、天津市、河北省分别制定了科技创新发展规划和行动计划,国家部委陆续出台了《京津冀协同发展规划纲要》《京津冀协同发展水利专项规划》《京津冀协同发展生态环境保护规划》《京津冀工业节水行动计划》等政策文件,这些政策举措对于加快推进京津冀科技创新、经济发展与用水效率提升具有重要的推动作用。在此背景下,科学评价京津冀"科技-经济-水资源"耦合系统协同治理关系,对于促进京津冀高质量发展具有重要意义。

8.1 文献综述

针对"科技-经济-水资源"耦合系统的协同治理评价研究,主要涉及科技创新对经济发展与用水效率提升的影响评价,以及经济发展与水资源利用协调评价等方面。从科技创新对经济发展的影响评价看,Keller 等[1-6]提出科技创新能够促使产业更新换代进而推进产业的优化升级,促进城市绿色发展,进而推动经济发展质量提升,并且科技创新贡献率能够有效评估科技创新对国家和地区经济增长贡献的程度。从科技创新对用水效率提升的影响评价看,LIU 等[7-8]提出技术创新、经济高质量增长和水资源利用效率三者相互促进,科技创新通过影响经济增长、产业结构转型升级，进而驱动用水效率提升；佟金萍等[9]认为农业技术进步有助于提升农业用水效率，掌握现代技术的农民越多，越有利于农业现代化建设和节水技术的应用，从而减少农业用水浪费；姜蓓蕾等[10-11]认为工业科技投入和技术进步对提高工业用水效率具有正向作用，研发 R&D 经费投入强度与工业用水效率之间存在正向关系。

从经济发展与水资源利用协同治理评价研究看，国际社会自 20 世纪 60 年代开始开展相应研究并取得了良好进展。针对评价指标设计，VIEIRA 等[12-14]选取人均水资源量、收入、消费等指标，验证经济增长与水资源利用之间存在 EKC 关系；ZHU 等[15]基于压力-状态-响应框架，构建了经济高质量发展和水资源利用协同治理评价体系，经济高质量发展子系统涉及经济发展、共享发展、创新发展、绿色发展指标，水资源子系统涉及水资源压力、水资源状态、水资源响应指标；邢霞等[16-20]提出经济发展指标应体现经济发展潜力、规模、活力与水平、产业结构效益与水平、民富指数，水资源利用指标应体现行业和综合用水量、水质、水资源开发利用负荷、水资源开发利用程度、水资源产业利用效率、水资源管理水平。

从评价方法来看，HIGANO 等[21]构建了动态线性综合评价模型，评价日本霞浦湖流域经济发展与水资源的耦合关系；PRODANOVIC[22]构建了气候和经济条件变化下水资源系统和经济系统耦合发展模型，并应用于泰晤士河流域；KALBACHER 等[23]运用 IWAS-Tool Box 耦合协调模型，分析了区域自然和经济社会条件变化情况下水资源系统的水资源供应与水质变化；GUIU 等[24]构建了水资源和经济价值耦合模型，探索了水资源稀缺情况下经济效益产出最大化路径；左其亭等[25]提出一种基于数列的时间和空间的匹配度计算方法，计算了我国不同省级行政区水资源利用与经济社会发展匹配度；周有荣等[26]引入了阴-阳对优化算法、投影寻踪和正态云模型，评价了云南省水资源-经济-社会-水生态系统的协调度水平；聂晓等[27]运用耦合协调度模型实证分析了湖北省用水效率-经济发展系统耦合协调发展水平；吴丹等[28]基于驱动力-压力-响应分析视角，构建了经济发展与水资源利用协调脱钩评价模式，利用 Tapio 弹性系数法动态对比评价了不同规划期京津冀地区及其行业经济发展与水资源利用脱钩态势。

从现有研究成果看，其研究思路、评价指标与方法为开展京津冀"科技-经济-水资源"耦合系统协同治理评价起到了良好的指导作用。为此，通过文献梳理,依据京津冀科技创新、经济发展与水资源利用的共生纽带关系,明确京津冀"科技-经济-水资源"耦合系统发展目标体系,构建京津冀"科技-经济-水资源"耦合系统协同治理评价指标体系,综合评价京津冀"科技-经济-水资源"耦合系统协同治理水平。

8.2 研究方法

8.2.1 评价指标设计

京津冀"科技-经济-水资源"耦合系统协同治理评价指标的设定既取决于京津冀地区科技、经济与水资源三大系统目标,也决定了京津冀地区科技、经济与水资源三大系统协同治理的关键要素。京津冀地区科技、经济与水资源三大系统目标包括科技规模与创新能力、经济增长与产业升级、用水效率与行业发展质量。其中,科技规模与创新能力重在加大京津冀地区科技规模、提升科技创新能力;经济增长与产业升级重在提高京津冀地区经济增长质量和效益、加快产业结构转型升级;用水效率与行业发展质量重在提高京津冀地区综合用水效率、提升产业控水能力、生活节水能力和生态治理能力。

依据京津冀地区科技、经济与水资源三大系统目标,基于科技、经济和水资源视角,从政策导向性和文献参考性两个方面,确定京津冀"科技-经济-水资源"耦合系统协同治理评价的初始指标。并从2009—2018年《国家统计年鉴》、京津冀地区《经济统计年鉴》中,获取2009—2018年初始指标数据。利用主成分分析-相关分析法,对初始指标进行定量筛选,最终确定京津冀地区"科技-经济-水资源"耦合系统协同治理评价指标。即通过KMO和Bartlett检验,筛选第一主成分因子载荷大于0.9、第二或第三主成分因子载荷绝对值最大的指标。计算京津冀地区不同系统内任意两个指标间的相关系数,设定指标相关系数的阈值$M(0<M<1)$,此处取阈值$M=0.9$。若单一系统内两指标间相关系数小于阈值M,则同时保留两个指标;若单一系统内两指标间相关系数大于阈值M,则删除两个指标中因子载荷绝对值小的指标(即对评价结果影响小的指标)。

京津冀"科技-经济-水资源"耦合系统协同治理评价指标分为维度层-目标层-准则层-指标层四个层级(见表8.1)。

表 8.1　京津冀"科技-经济-水资源"耦合系统协同治理评价指标

维度层	目标层	准则层	指标层	指标单位	指标权重
科技系统	科技规模与创新能力	科技创新投入	R&D 人员	人	0.136
		科技创新环境	地方财政科学技术支出	亿元	0.163
		科技创新产出	国内专利申请受理数	件	0.172
		科技创新成效	技术市场成交额	亿元	0.210
			每万人口专利拥有量	件/万人	0.176
			高技术产业新产品销售收入	亿元	0.143
经济系统	经济增长与产业升级	经济发展规模	人均 GDP	元/人	0.208
			社会消费品零售总额	亿元	0.268
			工业增加值	亿元	0.260
		经济发展质量	全员劳动生产率	元/人	0.160
		产业结构升级	第三产业产值占 GDP 比重	%	0.104
水资源系统	用水效率与行业发展质量	综合用水效率	万元 GDP 用水量	m³/万元	0.306
			人均综合用水量	m³/人	0.319
		产业控水能力	单位有效灌溉面积用水量	m³/亩	0.332
			万元农业增加值用水量	m³/万元	0.306
			万元工业增加值用水量	m³/万元	0.303
			万元服务业增加值用水量	m³/万元	0.320
		生活节水能力	人均生活用水量	m³/人	0.320
			万元 GDP 废水排放量	t/万元	0.293
		生态治理能力	万元 GDP 化学需氧量排放量	t/万元	0.333
			降水量	mm	0.287

表 8.1 中,评价指标的权重采用变异系数法予以确定,可用公式表示为

$$\begin{cases} w_{ki} = \dfrac{V_{ki}}{\sum\limits_{i=1}^{m} V_{ki}} \\ V_{ki} = \dfrac{\sigma_{ki}}{\dfrac{1}{n}\sum\limits_{i=1}^{n} x_{ki}} \end{cases} \quad (8.1)$$

式(8.1)中，w_{ki} 为第 k 系统第 i 个指标的权重（$k=1$、$k=2$、$k=3$ 分别代表科技、经济、水资源 3 个系统）；V_{ki} 为第 k 系统第 i 个指标的变异系数；$\sum_{i=1}^{m}V_{ki}$ 为第 k 系统各指标的变异系数和；σ_{ki} 为第 k 系统第 i 个指标的标准差；$\frac{1}{n}\sum_{i=1}^{n}x_{ki}$ 为第 k 系统第 i 个指标的均值。

8.2.2 评价模型构建

依据设计的京津冀"科技-经济-水资源"耦合系统协同治理评价指标，采用加权综合指数法和协调度模型，测量京津冀地区科技、经济与水资源三大系统发展指数，评价京津冀地区科技、经济与水资源三大系统的协同治理水平。评价模型构建的具体步骤可表述为：

步骤 1，采用加权综合指数法，测量不同时期京津冀地区"科技-经济-水资源"耦合系统治理指数，可用公式表示为

$$W_j(t) = \frac{1}{3}\sum_{k=1}^{3}W_{jk}(t) = \frac{1}{3}\sum_{k=1}^{3}\sum_{i=1}^{m}\left[w_{ki}\cdot x_{jki}(t)\right]$$

$$x_{jki}(t)_{k=1\sim 4} = \begin{cases} \dfrac{a_{jki}(t)}{\max a_{jki}(t)} & a_{jki} \text{ 为效益型指标} \\ \dfrac{\min a_{jki}(t)}{a_{jki}(t)} & a_{jki} \text{ 为成本型指标} \end{cases} \quad (8.2)$$

式(8.2)中，$W_j(t)$ 为第 t 时期第 j 地区"科技-经济-水资源"耦合系统治理指数（$j=1$、2、3、4 分别为北京、天津、河北、京津冀整体）；$W_{jk}(t)$ 为第 t 时期第 j 地区第 k 系统的治理指数；x_{jki} 为无量纲化后的指标值；$a_{jki}(t)$ 为第 t 时期第 j 地区第 k 系统的第 i 个指标值；$\max a_{jki}(t)$、$\min a_{jki}(t)$ 分别为第 t 时期第 j 地区第 k 系统第 i 个指标的最优值、最劣值。

步骤 2，采用协调度模型，评价不同时期京津冀地区科技、经济与水资源三大系统之间的协同治理水平，可用公式表示为

$$D_j(t) = \sqrt{C_j(t)\cdot P_j(t)}$$

$$\begin{cases} C_j(t) = \left[\dfrac{\prod_{k=1}^{3}W_{jk}(t)}{P_j(t)^2}\right]^{\frac{1}{2}} \\ P_j(t) = \dfrac{\sum_{k=1}^{3}W_{jk}(t)}{3} \end{cases} \quad (8.3)$$

式(8.3)中，$D_j(t)$ 为第 t 时期第 j 地区科技、经济和水资源三大系统的协同治理水平；$C_j(t)$ 为第 t 时期第 j 地区三大系统治理指数的耦合程度；$P_j(t)$ 为第 t 时期第 j 地区三大系统治理指数的协调程度。

根据式(8.3)，对京津冀地区三大系统协同治理水平进行等级划分，即 $D_j(t) < 0.6$，不协调；$0.6 \leqslant D_j(t) \leqslant 1$，协调。其中，$D_j(t) \in (0.6, 0.7]$、$(0.7, 0.8]$、$(0.8, 0.9]$、$(0.9, 1]$ 分别为初级协同、中级协同、良好协同、优质协同。

8.3 实证研究

本文数据主要来自2009—2018年《中国统计年鉴》、《北京市统计年鉴》、《天津市统计年鉴》和《河北省统计年鉴》。

8.3.1 京津冀地区"科技-经济-水资源"耦合系统治理指数

根据式(8.2)，测算得到2009—2018年京津冀地区"科技-经济-水资源"耦合系统治理指数的变化趋势，见图8.1。

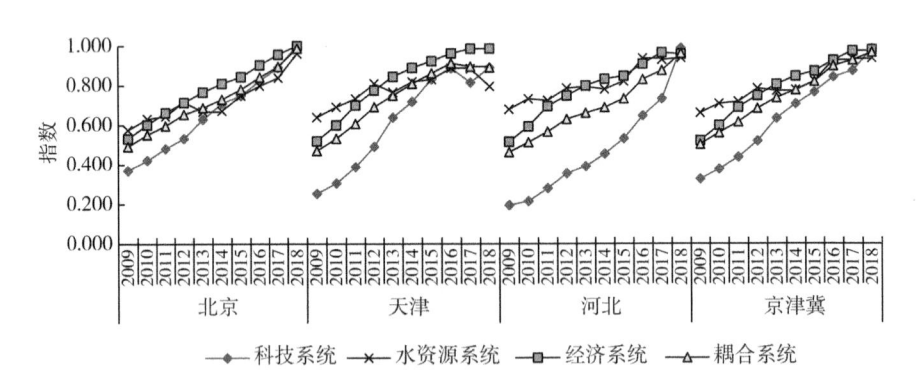

图8.1 2009—2018年京津冀地区"科技-经济-水资源"耦合系统指数变化

根据图8.1可知，首先，从科技、经济和水资源三大系统的治理指数变化看，2009—2018年，京津冀地区均呈现持续增长态势(仅天津水资源系统指数于2017—2018年略有下降)。通过三大系统之间治理指数增速的对比分析可知，京津冀地区均表现为科技系统治理指数增长最快，水资源系统治理指数增长最慢(见图8.2)。其中，北京、天津、河北、京津冀整体的科技系统治理指数年均增速分别为11.7%、15.0%、19.8%、13.0%;与之对应的水资源系统治理指数年均增速分别为5.9%、2.5%、3.6%、3.9%。同时,通过京津冀地区之间三大系统治理指数增速的对比分析可知,河北科技系统治理指数增长快于京津地区,北京水资源系统治理指数增长快于津冀地区,天津经济系统治理指数增长快于京冀地区,年均增速分别为19.8%、5.9%、7.4%。2014—2018年与2009—2013年相比,北京仅水资源系统治理指数增速提高,河北仅科技系统治理指数增速提高,而天津三大系统治理指数增速均下降。

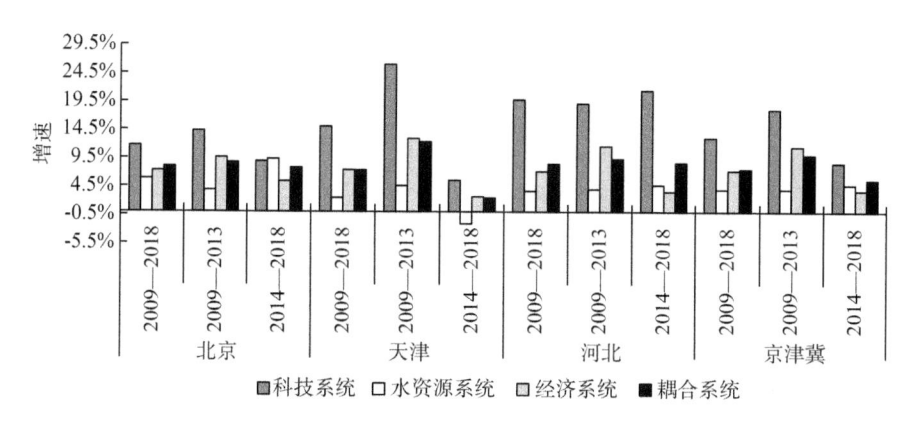

图8.2　2009—2018年京津冀地区"科技-经济-水资源"耦合系统治理指数增速

其次,从"科技-经济-水资源"耦合系统的治理指数变化看,2009—2018年,随着京津冀地区科技创新能力提升、经济产业转型升级加速、水治理力度加大,京津冀地区三大系统均呈现持续增长态势。其中,北京、天津、河北、京津冀整体分别从0.493、0.471、0.463、0.503增至0.987、0.891、0.961、0.966。河北增长最快,其次为北京、天津,年均增速分别高达8.4%、8.0%、7.3%,京津冀整体的年均增速达到7.5%。2009—2013年,天津增长最快、北京增长最慢,年均增速分别为12.3%、8.7%。2014—2018年,河北增长最快、天津增长最慢,年均增速分别为8.7%、2.5%。

根据图8.2可知,2014—2018年与2009—2013年相比,京津冀地区"科技-经济-水资源"耦合系统治理指数均得到进一步提升,北京、天津、河北、京津冀整体分别从0.689、0.750、0.661、0.737升至0.987、0.891、0.961、0.966。但年均增速均有所下降,分别从8.7%、12.3%、9.3%、10.0%降至

7.8%、2.5%、8.7%、5.6%。

8.3.2　京津冀地区"科技-经济-水资源"耦合系统协同治理水平

根据式(8.3)，测算得到2009—2018年京津冀地区"科技-经济-水资源"耦合系统协同治理水平，见图8.3。

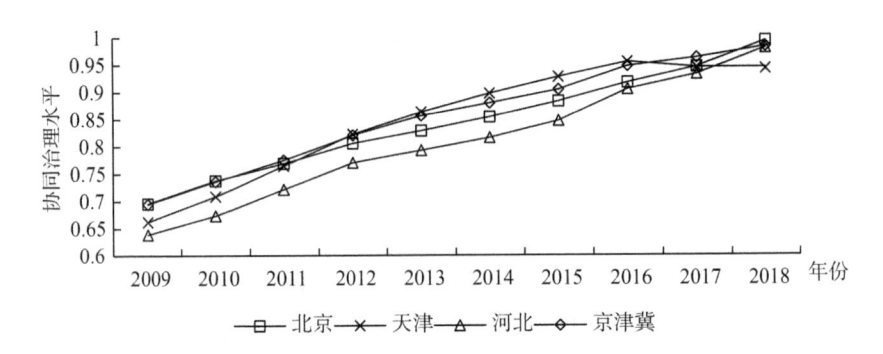

图8.3　2009—2018年京津冀地区"科技-经济-水资源"耦合系统协同治理水平

根据图8.3可知，2009—2018年，京津冀地区"科技-经济-水资源"耦合系统的协同治理水平均呈现持续增长态势。其中，北京、天津、河北、京津冀整体分别从0.696、0.662、0.639、0.695增至0.993、0.942、0.980、0.983。河北增长最快，其次为北京、天津，年均增速分别达到4.9%、4.04%、3.99%。京津冀整体年均增速为3.9%。其中，2009—2013年，天津增长最快，北京增长最慢，年均增长率分别为6.8%、4.5%。2014—2018年，河北增长最快，天津增长最慢，年均增长率分别为4.7%、1.2%。2014—2018年与2009—2013年相比，京津冀地区增速均有所下降(见图8.4)。

根据图8.3，确定不同时期京津冀地区"科技-经济-水资源"耦合系统协同治理等级，见表8.2。

根据表8.2可知，京津地区先于河北于2012年进入"良好"协同等级，天津于2015年优先达到"优质"协同等级。至2016年，京津冀地区均进入了"优质"协同等级。研究表明，首先，京津冀地区科技系统受地方财政科学技术支出、国内专利申请受理数、技术市场成交额、每万人专利拥有量的影响较大，而河北科技系统同时受高技术产业新产品销售收入的影响较大。其次，京津冀地区经济系统受人均GDP、社会消费品零售总额、工业增加值、全员劳动生产率的影响较大。再者，京津冀地区水资源系统受万元农业增加值用水量、万元工业增加值用水量、万元服务业增加值用水量、降水量的影响较大，而京冀地区同时受万元 GDP 用水量的影响较大。

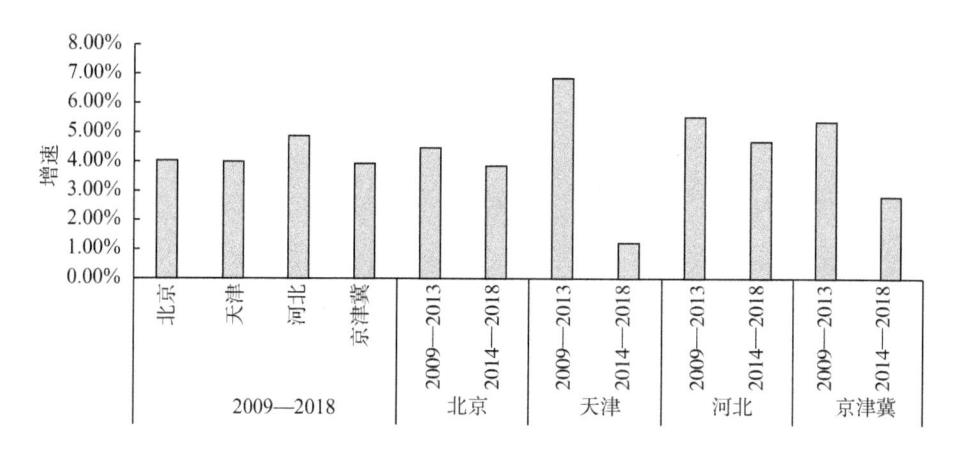

图 8.4　京津冀地区"科技-经济-水资源"耦合系统协同治理水平增速

表 8.2　京津冀地区"科技-经济-水资源"耦合系统协同治理等级的划分时点

地区	初级协同	中级协同	良好协同	优质协同
北京	2009	2010—2011	2012—2015	2016—2018
天津	2009	2010—2011	2012—2014	2015—2018
河北	2009—2010	2011—2013	2014—2015	2016—2018
京津冀	2009	2010—2011	2012—2014	2015—2018

注：表中数据为年份。

8.4　结论与建议

8.4.1　结论

明确京津冀科技、经济与水资源三大系统目标，系统设计京津冀"科技-经济-水资源"耦合系统协同治理评价指标。并采用变异系数法，确定指标权重。同时，采用加权综合指数法和协调度模型，构建相应的动态评价模型，作为京津冀"科技-经济-水资源"耦合系统协同治理评价的主要方法。该方法有效克服了仅从静态角度对特定年份京津冀地区三大系统发展进行的评价，反映了不同时期京津冀地区"科技-经济-水资源"耦合系统指数的动态变化趋势。同时，该方法能够综合反映不同时期京津冀地区三大系统的协同治理水平，弥补了已有成果从不同系统进行单独分析的不足，更好地把握了京津冀地区发展存在的综合问题。

8.4.2 对策建议

从"科技-经济-水资源"耦合系统的影响因素来看，为了提升京津冀地区"科技-经济-水资源"耦合系统协同治理水平，进一步加快推进京津冀地区高质量协同发展，必须加快京津冀地区科技成果转化，以科技支撑能力破解水利与经济发展难题。首先，京津冀地区必须加大地方财政科学技术支出，增加专利申请受理和拥有量，提高技术市场成交额。同时河北必须提高高技术产业新产品销售收入。其次，京津冀地区必须加快经济高质量发展，提高人均GDP和全员劳动生产率，扩大工业增加值和社会消费品零售总额。再者，京津冀地区必须提高产业用水效率和发展质量，进一步降低农业、工业和服务业的万元增加值用水量，同时必须强化用水总量控制，建立水资源刚性约束体系，以应对气候变化对降水量的影响。

参考文献

[1] KELLER W. Trade and the Transmission of Technology[J]. Journal of Economic growth, 2002, 7(1)：5-24.

[2] SAVIOTTI P P, PYKA A. Product variety, competition and economic growth[J]. Journal of Evolutionary Economics, 2008, 18(3)：323-347.

[3] ZHU D, ZENG D, ZHOU Q. Regional technical innovation suitability and economic growth in China[J]. Procedia Engineering, 2011, 15：5343-5349.

[4] ZHANG J, CHANG Y, ZHANG L, et al. Do technological innovations promote urban green development? —A spatial econometric analysis of 105 cities in China[J]. Journal of cleaner production, 2018, 182(1)：395-403.

[5] KANEVA M, UNTURA G. Innovation indicators and regional growth in Russia[J]. Economic change and Restructuring, 2017, 50(2)：133-159.

[6] 吴丹, 胡晶. 国家科技创新能力时空差异性评价——中国与全球十国对比分析[J].

科技进步与对策,2018,35(20):128-136.

[7] LIU R, PAN X. Research on the Dynamic Relationship between China's Technological Innovation, High-quality Economic Growth and Water Resource Utilization Efficiency[J]. Theory and Practice of Science and Technology Science and Technology, 2020,1(4).

[8] 张乐勤,陈素平.基于偏最小二乘通径分析方法的科技创新对用水效率边际效应的测度与分析[J].水利水电科技进展,2018,38(1):55-62.

[9] 佟金萍,马剑锋,王慧敏,等.农业用水效率与技术进步:基于中国农业面板数据的实证研究[J].资源科学,2014,36(9):1765-1772.

[10] 姜蓓蕾,耿雷华,卞锦宇,等.中国工业用水效率水平驱动因素分析及区划研究[J].资源科学,2014,36(11):2231-2239.

[11] 雷玉桃,黄丽萍.中国工业用水效率及其影响因素的区域差异研究——基于SFA的省际面板数据[J].中国软科学,2015(4):155-164.

[12] VIEIRA V P P B. Water resources in Brazil and the sustainable development of the semi-arid north east[J]. International Journal of Water Resources Development, 1998,14(2):183-198.

[13] IORIS A A R, HUNTER C, WALKER S. The development and application of water management sustainability indicators in Brazil and Scotland[J]. Journal of environmental management, 2008, 88(4):1190-1201.

[14] KATZ D. Water use and economic growth: reconsidering the Environmental Kuznets Curve relationship[J]. Journal of Cleaner Production, 2015, 88(1):205-213.

[15] ZHU H, ZHU J, ZOU Q. Comprehensive analysis of coordination relationship between water resources environment and high-quality economic development in urban agglomeration in the middle reaches of Yangtze River[J]. Water, 2020, 12(5):1301.

[16] 邢霞,修长百,刘玉春.黄河流域水资源利用效率与经济发展的耦合协调关系研究[J].软科学,2020(8):44-50.

[17] 常烃,贾玉成.京津冀水资源与经济社会协调度分析[J].人民长江,2020,51(2):95-100.

[18] 孟之琳,薛永基,张园圆.内蒙古水资源与产业结构耦合协调发展研究[J].人民黄河,2021,43(7):67-72.

[19] 喻笑勇,张利平,陈心池,等.湖北省水资源与社会经济耦合协调发展分析[J].长江

流域资源与环境,2018,27(4):809-817.

[20] 吴业鹏,袁汝华.丝绸之路经济带背景下新疆水资源与经济社会协调性评价[J].水资源保护,2016,32(4):60-66.

[21] HIGANO Y, SAWADA T. The dynamic optimal policy to improve the water quality of lake Kasumigaura[J]. Studies in Regional Science,1995,26(1):75-86.

[22] PRODANOVIC P, SIMONOVIC S P. An Operational Model for Support of Integrated Watershed Management[J]. Water Resources Management,2010,24(6):1161-1194.

[23] KALBACHER T, DELFS J, SHAO H, et al. The IWAS-ToolBox: Software coupling for an integrated water resources management[J]. Environmental Earth Sciences,2012,65(5):1367-1380.

[24] GUIU R, POUGET L, TERMES M. Selecting an Efficient Adaptation Level to Uncertain Water Scarcity by Coupling Hydrological Modeling and Economic Valuation[J]. Water Economics and Policy, 2015,1(3):1550008.

[25] 左其亭,赵衡,马军霞,等.水资源利用与经济社会发展匹配度计算方法及应用[J].水利水电科技进展,2014,34(6):1-6.

[26] 周有荣,崔东文.云南省水资源-经济-社会-水生态协调度评价[J].人民长江,2019,50(3):136-144.

[27] 聂晓,张弢,冯芳.湖北省用水效率-经济发展系统耦合协调发展研究[J].中国农村水利水电,2019(4):132-135.

[28] 吴丹,李昂,张陈俊.双控行动下京津冀经济发展与水资源利用脱钩评价[J].中国人口·资源与环境,2021,31(3):150-160.